多様性×まちづくり

インターカルチュラル・シティ

欧州・日本・韓国・豪州の実践から

山脇啓造＋上野貴彦 [編著]

ダニ・デ・トーレス
アンドレア・ルイス・バルソラ
フランセス・サレンガ
オ・ジョンウン
浜松市企画調整部国際課
鈴木恵梨香
宮城ユキミ
神戸市市長室国際部国際課

吉富志津代
国際交流協会ネットワークおおさか
岡﨑広樹
海老原周子
金宣吉
原秀樹
ボブ・W・ホワイト

INTERCULTURAL CITIES
CITÉS INTERCULTURELLES

明石書店

ICC 加盟都市地図

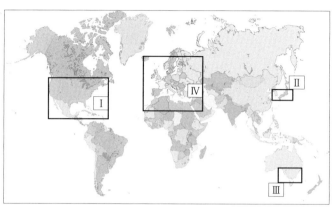

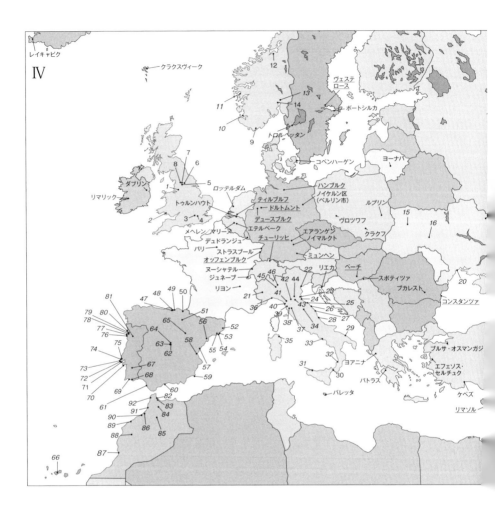

IV

英国国内ネットワーク
1 マンチェスター
2 スウォンジー
3 カムデン
4 ルイシャム区（ロンドン市）
5 カークリーズ
6 リーズ
7 ブラッドフォード
8 カルダーデール

ノルウェー国内ネットワーク
9 クリスチャンサン
10 スタバンゲル
11 ベルゲン
12 トロンドハイム
13 オスロ
14 ドランメン

ウクライナ国内ネットワーク
15 ルーツィク
16 ヴィーンヌィツャ
17 スームィ
18 パウロフラード
19 メリトーポリ
20 オデーサ

国際会員都市
国内会員都市
ICC 指数の評価を受けた都市

イジェフスク

ハイファ

17
18
19

イタリア国内ネットワーク

21 トリノ
22 ベネツィア
23 フォルリ
24 サビニャーノ・スル・ルビコーネ
25 ラヴェンナ
26 セニガッリア
27 モンテシルヴァーノ
28 フェルモ
29 バーリ
30 メッシーナ
31 パレルモ
32 ピッツォ
33 ポンペイ
34 アレッツォ
35 オルビア
36 ジェノバ
37 フチェッキオ
38 ポンテデーラ
39 サン・ジュリアーノ・ディ・テルメ
40 ビアレッジョ
41 カパンノーリ
42 カンピ・ビゼンツィオ
43 テッレ・デイ・カステッリ自治体連合
44 レッジョ・エミリア
45 ミラノ
46 ローディ

スペイン国内ネットワーク

47 ゲチョ
48 ビルバオ
49 バラカルド
50 ドノスティア／サン・セバスチャン
51 ログローニョ
52 サルト
53 サンタ・クローマ・ダ・グラマネート
54 バルセロナ
55 サバデイ
56 トゥルトーザ
57 カステリョン・デ・ラ・プラナ
58 バレンシア
59 カルタヘナ
60 マラガ
61 ヘレス・デ・ラ・フロンテラ
62 バルラ
63 フエンラブラダ
64 ヘタフェ
65 サラゴサ
66 テネリフェ

ポルトガル国内ネットワーク

67 ベージャ
68 アルブフェイラ
69 ポルティマオ
70 セトゥバル
71 リスボン
72 カスカイス
73 オエイラス
74 アマドーラ
75 ローレス
76 コインブラ
77 サンタ・マリア・ダ・フェイラ
78 ファマリソン
79 ブラガ
80 ヴィラ・ヴェルデ
81 ヴィゼウ

モロッコ国内ネットワーク

82 マルティル
83 テトゥアン
84 シェフシャウエン
85 メクネス
86 ケニトラ
87 アガディール
88 マラケシュ
89 カサブランカ
90 ラバト
91 ララシュ
92 タンジェ

目次

□■□ 第Ⅲ部　国内都市のガバナンス □■□

□■□ 第Ⅳ部 実践者から見たインターカルチュラル・シティ □■□

□■□ 第Ⅴ部　研究者の視点 □■□

序

本書の内容

　本書は、2021年3月に欧州評議会から日英2言語で刊行されたブックレット『自治体職員のためのインターカルチュラル・シティ入門』を大幅に加筆したものである。同ブックレットは、日本の欧州評議会へのオブザーバー参加25周年を記念して日本の外務省と欧州評議会によって企画された出版物であり、本書の編者である山脇と上野が執筆を担当した。

　インターカルチュラル・シティは、移住者やマイノリティ[1]がもたらす多様性を活かすまちづくりを目指す世界中の都市をつなぎながら、自治体における組織的能力の向上（キャパシティ・ビルディング）を図るプログラムである。2008年に始まった時には欧州の11都市が参加する試験的な取り組みだったが、現在では、欧州内外の160近い都市が参加するネットワークに成長している。日本からは、浜松市が2017年にアジア最初の加盟都市となった。

　同ブックレットは、欧州評議会のインターカルチュラル・シティ・プログラム（ICC）[2]を日本に紹介し、それが具体的に自治体の施策やまちづくりとどう関係するのかを説明することを目的に執筆された。本書はこの目的を共有しつつ、日本における「多様で包摂的なまちづくり」とは何か、そのためにはどうしたらよいかを明らかにすることを目指し、多様な立場の執筆者を迎え、内容を拡充している。

本書の特徴

　各章の概要を説明する前に、本書全体を通したいくつかの特徴を紹介しておきたい。まず、本書はICCの基本理念——平等・多様性・インターアクション（相互接触・交流）——に基づき、多様な住民の主体的な参加を平等・公正な形で進めるためのアイデアを多角的に提示するものとした。そのため、各論考はそれぞれインターカルチュラル・シティの基本理念に共鳴しつつも、「どのようにインターカルチュラル・シティを実現するか」などをめぐる姿勢や意見は著者ごとに異なっている。

多様な視点から書かれた本書を貫くのは、インターカルチュラル・シティの3つの特徴といえる、①日常の中でのインターアクション、②行政と市民のガバナンス・協働・まちづくり、③国内外の都市ネットワークである。

　具体的な論点は各章でそれぞれの論者が提示することとなるが、上述の3点全てに関わる論点として、すでに日本社会のなかで、多様な背景を持つ住民どうしが平等・公正な関係を築くための公的・私的な取り組みにおいて多く用いられてきた「共生」あるいは「多文化共生」と、日本においてはまだ認知度の低い「インターカルチュラル・シティ」や「インターカルチュラリズム」という理念がどのように重なり、またどのように異なるかが気になる読者も多いことだろう。その一応の答えは第Ⅴ部が提起した理論的枠組みにあるが、これはまた、全ての論考とゆるやかにつながりながら、「多文化共生」を掲げる実践のなかで問い直されてもいる。「多様で包摂的なまちづくり」は、理念と実践の絶えざる往還の中にしか実現しない。そこで本書は、分かりやすいが地域・都市の固有性を無視したマニュアル的な「正解」を提供する代わりに、世界各地の取り組みに内在する課題の（地域・時代などの文脈に応じた）固有性と普遍性の両方に配慮しつつ、多様な人々の連携による問題の「解き方」を提示することに注力したものとなっている。

各章の概要

　本書は5部構成となっている。第Ⅰ部「インターカルチュラル・シティとは」は、上述のブックレットを自治体職員のみならず、まちづくりに関わる市民団体や住民に向けて加筆修正したものである。第1章「インターカルチュラル・シティの基礎知識」ではインターカルチュラリズムとインターカルチュラル・シティについて概説し、第2章「インターカルチュラル・シティのつくり方」では行政全体としてのガバナンスや首長のリーダーシップに注目したうえで、政策のあり方を点検するためのチェックリストも紹介する。第3章「多様で包摂的なまちづくりを担うには」では自治体職員をはじめ、公的かつ専門的にまちづくりに関わる人々の「インターカルチュラル能力」について論じる。なお、第1章および第2章の執筆にあたっては、欧州評議会によるインターカルチュラル・シティに関する概説書の2019年改訂版（*The Intercultural City*

Step by Step, Updated by Anne Bathily ∕ Edited and co-ordinated by Ivana D'Alessandro）を参照した。

　第Ⅱ部「加盟都市のネットワーク」では、ヨーロッパで最も活発な国内ネットワークを有するスペインと、アジア太平洋地域からオーストラリアと韓国の取り組みについて報告する。スペインからは、都市間ネットワークを活性化する工夫についてのデ・トーレス代表へのインタビューと、決して規模の大きくない自治体ながら息の長い活動を展開してきたゲチョ市役所の経験に関する文書を紹介する。そして、サレンガはオーストラリアで初めて ICC に加盟したバララット市の取り組みについて、同市のインターカルチュラル・シティ戦略プランをもとに報告する。一方、呉は、2020 年に相次いで ICC プログラムに加盟した安山市とソウル市九老区を中心に、韓国における同プログラムへの関心の背景を振り返り、今後の展望を論じる。

　第Ⅲ部「国内都市のガバナンス」は、様々な視点から日本における多様で包摂的なまちづくりを論じる。日本でのインターカルチュラル・シティをめぐる議論は、行政の取り組みに焦点をあてたものが多かった。実際には、市民社会も含めた協働・ガバナンスの絶えざる改善にこそインターカルチュラル・シティの強みがあるのだが、こうした包括的な視点に立った論考はこれまであまり発表されてこなかった。そこで本書では、浜松市と神戸市の国際課による政策と今後の展望に関する報告に対応する形で、浜松国際交流協会の鈴木と外国にルーツを持つ若者グループ COLORS の代表である宮城による論考が、母語や出身地のみならず世代も異なる多様なアクターの協働をめぐる課題と解決策を提案する。また神戸市についても、実務家および研究者としての長年の経験を踏まえて、吉富が同市長田区の官民協働の取り組みを分析する。また、インターカルチュラル・シティを掲げていないものの、マイノリティ当事者を含む住民の民主的参加に注力してきた大阪府の国際交流協会ネットワーク（国流ネットワークおおさか）からも、信頼関係をベースにした柔軟かつ強固なネットワークづくりの経験を共有してもらう。

　第Ⅳ部「実践者から見たインターカルチュラル・シティ」では、住民活動や市民活動に取り組む実践者の取り組みを報告する。岡崎は、外国人が多く住む団地の自治会事務局長として、地域住民のインターアクションに取り組んでき

た実践について報告する。一方、海老原は、外国ルーツの若者の居場所と役割をつくり、インターカルチュラルな若者を育てる実践について報告する。また金は、兵庫県におけるマイノリティの権利運動をめぐる歴史的経緯を踏まえて、当事者の関与のもと、平等で差別のない、真にインターカルチュラルな社会の必要性を訴える。そして 2009 年以来、国際交流基金の立場から ICC プログラムに参加する欧州の自治体と日本の自治体の交流に取り組んできた原がこれまでを振り返る。

第Ⅴ部「研究者の視点」では、それぞれ日本とカナダ・ケベック州でのインターカルチュラル・シティの研究・実践に取り組んできた山脇とホワイトが、欧州域以外のインターカルチュラリズムについて俯瞰し、日本への示唆を論じる。またスペインを中心に欧州の取り組みに注目してきた上野は、「海外発」の新理念として一面的に紹介されがちなインターカルチュラル・シティの発想が実は複数の起源を持つことを指摘し、その日本における応用にもグローバルな連携だけでなく「地元」の歴史を踏まえた複眼的な思考が求められると主張する。

編者二人や共著者は、それぞれに現状の「多文化共生」に向けた取り組みに関わりつつ、現状が手放しに肯定できるものではないことも認識している。多様なアクター同士の葛藤やすれ違い、行き詰まりという、あらゆるまちづくりの取り組みに共通する、そしてマジョリティとマイノリティをめぐる関係のなかでより複雑になりがちな課題に対して、本書が「特効薬」になるとも考えていない。それでも、世界各地のインターカルチュラル・シティと対話・交流を重ねることで視野を広げ、日本各地で「多文化共生」に取り組む当事者たちの訴えに耳を傾け、地域の一員としての移住者・マイノリティを含む住民の交流・葛藤・軋轢などを含んだ歴史と現在を直視して思考を鍛えながら、より良い未来の「多文化共生」を創っていきたいという思いを、おのおのの論考に結晶化してきた。論者それぞれの立場や活動領域に特有の問題が、インターカルチュラルなまちづくりという世界的課題にどうつながり、どのような形の問題提起や改善に向けた提案につながっているのか、各章から読み取っていただければ幸いである。

注

1) 本書では、「マイノリティ」やその日本語訳としての「少数者」を、ただ数が少ないということではなく、社会構造のなかで、権力へのアクセスや社会的地位の上昇可能性を限定されてきた存在という意味で用いている。

2) 本書では基本的に欧州評議会の政策・実践としての「インターカルチュラル・シティ・プログラム」を ICC と省略しているが、都市政策の理念としての「インターカルチュラル・シティ」の略語として ICC を用いる場合もある。

2022 年 6 月

山脇啓造・上野貴彦

第Ⅰ部

インターカルチュラル・シティとは

第1章
インターカルチュラル・シティの基礎知識

（1）インターカルチュラル・シティとは

　見知らぬ者どうしが隣人となる場である都市は、社会の多様性を反映する鏡である。そこで生まれるインターカルチュラルな（＝文化の相互変容がもたらす）力学によって、社会的カテゴリーや規範が更新される。そして、出自や背景、言語や考え方の異なる多様な人々が触れ合う中で、新しい発想や価値が生まれる。その一方で、偏見や住民間の摩擦を放置すれば、住民の隔離や差別、対立といった社会問題が深刻化してしまう危険もある。したがって、公的機関が適切な政策を取り、多様性を社会全体にとって価値あるものへと育んでゆくことが重要となる。

　この政策領域における改善や革新の参考になるのが、欧州発のインターカルチュラル・シティ・プログラム（ICC）である。これは、移住者（migrant）やマイノリティ（minority）を含む都市住民が生み出す文化的多様性を、脅威ではなくむしろ好機と捉え、都市の活力や革新、創造、成長の源泉とする理念と政策を推進するプログラムである。これはまた、欧州評議会（Council of Europe）が欧州委員会と共に始めた自治体のネットワークとしての側面を有しており、2008年の欧州文化間対話年（European Year of Intercultural Dialogue）と同年の欧州評議会による文化間対話白書（White Paper on Intercultural Dialogue）の刊行を契機に始まった。現在、その趣旨に賛同する欧州内外の147都市が参加している。インターカルチュラル・シティは以下のように定義されている。

「インターカルチュラル・シティには、異なる国籍、出身、言語、信仰や信条の人々が暮らす。大半の市民は多様性を肯定的に資源と捉え、すべての文化は公共空間で互いに接触することによって変容する。インターカルチュラル・シティは多様性や都市住民としての複合的アイデンティティを尊重するように働きかける。また、積極的に偏見や差別と闘い、都市のガバナンス、制度、サービスを様々な住民のニーズに適合させることで、すべての人に平等な機会を確保する。企業や市民社会、学校教職員、医療従事者、ソーシャルワーカーといった専門職につく人々と連携し、そして積極的な市民の参加を得て、多様なグループの一層の混交と相互作用を奨励する政策と取り組みを展開する。高い信頼と社会の一体性によって、紛争や暴力を防ぎ、政策の効果を増し、住む上でも投資する上でも、安全で魅力的な都市をつくる」

（2）統合政策の4類型

インターカルチュラル・シティを目指す理念と一連の政策をインターカルチュラリズムと呼ぶ。移住者の統合に関する政策を、以下の4つの政策に分類することで、インターカルチュラリズムの特徴が明らかになるだろう。

①ゲストワーカー政策（Guest worker policy）

移住者は一時的な労働力であり、いずれは出身国に戻る存在とみなされる。したがって、短期的で移住者の地域社会への影響を最小限にするような対策がとられる。移住者の経済的権利の保障を目指す一方で、社会的・文化的・市民的権利は考慮されない。

②同化主義（Assimilationism）

移住者やマイノリティは永住者として受け入れられるが、できるだけ早く同化することが想定されている。受け入れコミュニティの文化規範との違いは奨励されず、社会の一体性に対する脅威と見なされる場合には抑圧される。移住者の経済的権利に加え、社会的・市民的権利の保障を目指す一方で、文化的権利は考慮されない。

③多文化主義（Multiculturalism）

　移住者やマイノリティは永住者として受け入れられる。受け入れコミュニティの文化規範との違いは、法や制度によって奨励、保護され、反人種主義活動によって支援される。移住者の経済的権利、社会的・市民的権利に加え、文化的権利の保障を目指す。しかし、差異の過度な強調によって、多様なアイデンティティが交差する余地のないほどに、住民が集団ごとに分断されてしまう可能性もある。

④インターカルチュラリズム（Interculturalism）

　移住者とマイノリティは、権利と機会において他の住民と平等な立場に立って、互いに歩み寄りながら、多様性豊かな社会に自発的に適応し、社会統合のプロセスに参加していく。受け入れコミュニティの文化規範との違いを有する権利は法や制度によって保障される一方、共通の立場や相互理解、共感を生み出す政策、制度や活動が高く評価される。移住者の経済的、社会的・市民的、文化的権利の保障に加えて、住民間のインターアクションの促進や地域共通の課題への取り組みを通じて、移住者やマイノリティの包摂（inclusion）を目指す。

　西欧諸国では、2000 年代前半に、移民が関わる大きな事件が起こり、それまでの移民政策を見直す機運が高まり、各国の選挙でも主要な争点となった。移民の貧困や主流社会からの疎外が進み、集住する移民の隔離をもたらし、社会統合を阻んでいるとして、特に多文化主義政策への批判が高まる中で、多様性を尊重する新たなアプローチとして、異なる文化背景を有するグループ間のインターアクションを通して社会統合を目指す「インターカルチュラル・シティ・プログラム」が始まった。

（3）インターカルチュラリズムの3原則

　インターカルチュラリズムには3つの基本原則がある。それは、平等、多様性、インターアクションである。

①平等（equality）

　公的機関は、その職員、そして市民団体や企業を含めた、そのパートナーに対して、すべての行動において、平等性と差別禁止を実現することに努める。ただし、平等原則のみに焦点をあわせると、限られた資源に対するマイノリティ・グループ間の競争を招いたり、そのグループ内の不平等が見えなくなり、社会の連帯と一体性を損なう。マイノリティに対してだけでなく、「多数者」に対しても平等のメッセージを送り、マイノリティを含むすべての住民の必要と利害をかんがみ、政策と資源投入の対象から取り残される人を誰ひとり生まないための努力が求めらる。

②多様性（diversity）

　人間社会の本質的な特徴として、そしてレジリエンス（復元力）、活力、革新の資源として、多様性を維持するために積極的な行動をとることが重要である。個人や集団の多様性を明確に承認することは、多様性の視点をあらゆる領域に取り入れるための前提条件である。ただし、多様性のみに焦点をあわせることは、価値観の共有という意識を損ない、社会の多様な集団間をつなぐことが困難になる。

③インターアクション（interaction）

　有意義なインターアクションは、インターカルチュラリズムにとって最も重要な原則である。それは、文化やジェンダー、年齢、社会経済的な地位等の違いを超えた、日常の出会いのための条件をつくることを意味する。ただし、平等性を確保すると共に、多様性を受け入れる方策が伴わなければ、多様な人々が混ざった地域や学校、組織、公共空間をつくることは新たな偏見や差別を生み、逆効果となりうる。

（4）プログラムの参加都市

　ICC は、欧州委員会の資金提供のもと、欧州評議会が欧州各地の 11 都市を対象に実施する試験的なプログラムとして、2008 年に始まった。参加都市を国別に見てみると、欧州評議会の構成を反映するように、プログラム開始当初

より様々であった。移住者受け入れの経験が豊富なドイツやフランス、オランダだけでなく、1990年代以降に本格的な受け入れを始めたイタリアやギリシャ、あるいは国内の民族・言語・宗教をめぐる多様性が西欧とは異なるウクライナの都市までが含まれていた。しかし、移住者やマイノリティをめぐる状況が異なる国々にあっても、多様な住民が暮らす都市の経験には共通点も多く、ICCは瞬く間に各地の自治体やNGO、研究者などが意見を交換し、新たな取り組みを模索する場になった。

2015年に欧州評議会単独のプログラムとなった後も、ICCは参加都市の輪を広げていった。例えば北米からは、古くからインターカルチュラリズムを唱えてきたカナダ・ケベック州のモントリオール市、ICC加盟都市のなかで最大の人口規模を誇るメキシコシティ、さらに2020年になって米国のロチェスター市が加盟している。

また、アジアでは、2017年に浜松市が初の加盟都市となった。また、韓国では、安山市とソウル市九老区が2020年に加わった。一方、オーストラリアでは、ビクトリア州のバララット市、メルトン市、サリスベリー市そしてマリバーノン市が参加している。

2022年5月現在、159都市が参加しているが、参加形態は3つに分かれる。ICCの国際的ネットワークのメンバー（国際会員、62都市）、ICCに公認された国内ネットワークのメンバー（国内会員、84都市）、そして後述するICC指数による政策評価を受けたメンバー（13都市）である。

現在、国内ネットワークがあるのは、イタリア（30都市、うち国際会員3都市）、モロッコ（11都市、国際会員なし）、ノルウェー（6都市、うち国際会員3都市）、ポルトガル（15都市、うち国際会員1都市）、スペイン（20都市、うち国際会員2都市）、ウクライナ（6都市、うち国際会員1都市）、英国（8都市、うち国際会員7都市）、カナダ（6都市、うち国際会員2都市）となっている。語学力の求められるセミナーや視察プログラムへの参加が難しい中小自治体のために、国内ネットワークが発達した国もある。こうしたネットワークは、イタリアでは内務省と共同で事業を実施し、スペインでは移住者支援のために以前からある都市ネットワークと連携するなど、国内の既存の取り組みにインターカルチュラリズムを取り入れるための接点となってきた。

（5）プログラムの概要

　ICC による具体的活動としては、専門家による会員都市の政策評価、会員都市相互の視察、関連テーマに関するセミナーの開催、さらには新しい政策のアイデアやツールの試験運用などがある。例えば 2019 年は、差別とヘイトスピーチをテーマにしたセミナーをトリノ市（イタリア）で開き、「包摂的統合政策ラボ」（移民統合に取り組む国と自治体の政策対話プログラム）をヘルシンキ市（フィンランド）とリマソル市（キプロス）で開催した。また、各都市の ICC 担当者が集まる会議をオデーサ市（ウクライナ）で開いた。この会議は毎年 1 回開かれている。

　2020 年と 2021 年はコロナ禍の中、オンラインの活動を積極的に開催した。コロナ対策をテーマにした会議やジェントリフィケーション、難民を包摂する都市づくり、反差別などに関するセミナーを開催した。また、ICC 担当者の年次会議もオンラインで開いた。各都市の政策を評価し、都市間比較も可能とするために、ICC 指数も開発されている。これは、教育やビジネス、言語など 11 の政策領域・73 項目に関する調査票からなるもので、2021 年 12 月現在、100 都市以上が政策評価を受けている。ただし、ICC 指数の目的は都市間の競争ではなく、学び合いにある。そのため各都市の分析結果には、弱点領域を改善するために参考となる他都市の好事例が挙げられている。

（6）日本との交流

　日本は欧州評議会のオブザーバー国であることもあり、国際交流基金によって、2009 年からこれまで、日本の自治体関係者の欧州への派遣や欧州の ICC 関係者の日本招聘などの交流が活発に行われてきた。

　ICC が日本に本格的に紹介されることとなったのは、2011 年度と 2012 年度に行われた日韓欧多文化共生都市サミットにおいてであった。1 回目のサミットは、国際交流基金と欧州評議会の共催で、2012 年 1 月に東京で開催された。日本、韓国そして欧州から計 9 都市の首長、副首長や担当課長等が集まり、多文化共生をめぐって意見交換を行った。参加都市は、浜松市、大田区、新宿区、水原市（韓国）、ソウル市西大門区（韓国）、安山市（韓国）、リスボン市（ポ

ルトガル）、ボートシルカ市（スウェーデン）、レッジョ・エミリア市（イタリア）である。首長サミットの最後に、「私たちは、文化的多様性を都市の活力、革新、創造、成長の源泉とする新しい都市理念を構築し、多文化共生都市が連携し、互いの成果から学び、共通の課題を解決することを目指す。そして、異なった文化的背景を持つ住民がともに生き、繁栄し、調和した未来の都市を築いていく」ことを謳った「東京宣言」が採択された。多文化共生をテーマに欧州とアジアの自治体首長が一堂に会するのは初めてのことであり、歴史的意義のあるイベントとなった。

　上記サミットに参加した鈴木康友浜松市長は、インターカルチュラル・シティの理念に賛同し、2回目のサミットは、2012年10月に、浜松市、国際交流基金、自治体国際化協会、欧州評議会の共催のもと、浜松市で開催された。日本、韓国、欧州の11都市の首長、副首長や担当課長等が参加した。日本から参加したのは、前回同様、浜松市、大田区、新宿区の3首長と東大阪市副市長であった。首長サミットでは、編者（山脇）による「多文化共生都市の国際連携に向けて」と題した基調講演があり、市民協働や、多様性を活かした都市づくり、インターカルチュラルな社会統合に関する3つのセッションの後、「国際的な枠組みで知見や経験を共有し、各都市においてより良い政策を実施するため国内外の多文化共生都市の連携を一層推進する」ことを謳った「浜松宣言」が採択され、幕を閉じた。

　その後、2013年10月に安山市で、同市と全国多文化都市協議会（韓国）、国際交流基金、欧州評議会の共催のもと、3回目となるサミットが初めて韓国で開かれ、日本からは鈴木浜松市長と同市、新宿区、大田区、長浜市（外国人集住都市会議座長都市、当時）の担当課長および編者（山脇）が参加した。首長サミットの最後に、日韓欧の連携を謳った「安山宣言」が採択された。

　一方、2016年11月には、鈴木浜松市長と編者（山脇）がフランス・ストラスブール市で欧州評議会が開催した世界民主主義フォーラムに招請され、浜松市や日本の多文化共生の取り組みについて発表した。その際、欧州評議会からICCへの加盟の要請を受けた鈴木市長は加盟の検討を始め、2017年10月に、浜松市と国際交流基金の共催のもと、「インターカルチュラル・シティと多様性を生かしたまちづくり」と題した国際会議を開催し、ICCへの加盟を発表し

た。日本はもちろん、アジアの都市で ICC に参加するのは浜松市が初めてであった。

　2018 年 12 月には、外国人集住都市会議の主催、国際交流基金の後援のもと、東京において、「インターカルチュラル・シティ・セミナー」が開かれ、全国から約 40 名の自治体職員が参加した。編者（山脇）のコーディネートのもと、会場とオーストラリアをオンライン会議システムでつなぎ、バララット市とメルトン市の担当者と ICC 専門家のリンダ・フォード氏から報告を受けた。また、国際交流基金によって、同年にジュネーブで開催された ICC セミナーに派遣された豊島区、文京区、自治体国際化協会の職員の報告もあった。

　2019 年 10 月には、浜松市、国際交流基金と都市・自治体連合アジア太平洋支部（UCLG ASPAC）の共催で開かれた都市間連携国際サミットが浜松市で開かれた。多文化共生をテーマとするパネル討論では、ボートシルカ市（スウェーデン）の市長とバララット市（オーストラリア）の副市長が鈴木浜松市長と意見交換を行い、ICC 専門家のフィル・ウッド氏がコメンテーターを、編者（山脇）が進行役を務めた。

　2021 年は日本の欧州評議会へのオブザーバー参加 25 周年となる年であり、日本外務省の助成を受け、同年 3 月に編者 2 名によって、『自治体職員のためのインターカルチュラル・シティ入門』が欧州評議会から日英 2 言語で刊行された。また、同書刊行とあわせて、同月に欧州評議会主催で「インターカルチュラル・シティと日本——浜松市と神戸市の取り組みから考える」と「インターカルチュラル・シティ——アジア太平洋からの発信」と題した 2 つのオンライン・セミナーも開催され、編者 2 名がモデレーターを務めた。

コラム❶　多文化共生都市サミットへの道

　2010 年 10 月の国際交流基金による日本の自治体関係者の欧州派遣プログラムに参加した筆者（山脇）は、首長会議の開催を特徴とする外国人集住都市会議のアドバイザーを務めていたこともあり、帰国途上の機内で、日韓欧の自治体首長が参加する多文化共生都市サミットの開催を国際交流基金に提案した。

　サミットに向けて、国際交流基金は、まず、2011 年 1 月に東京で多文

共生都市セミナー「東京の多文化共生を考える～ヨーロッパの『インターカル
チュラル・シティ』を参考に～」を開催し、前述の派遣プログラムに参加した
荒川区長と新宿区長、大田区副区長が参加した。次に、2011年8月に欧州評
議会のICC担当者のギディコヴァ氏を招き、ソウルで韓国多文化学会との共
催で多文化共生都市国際シンポジウム（当初、2011年3月に開催予定だった
が、東日本大震災のため延期となった）を、東京で自治体職員対象の多文化共
生都市非公開ワークショップ「欧州のインターカルチュラル・シティから何を
学べるか」を開催した。東京でのワークショップに参加した浜松市の担当者は、
2012年1月の第1回サミットへの参加、そして2012年10月の第2回サ
ミットの誘致を決断した。

第2章
インターカルチュラル・シティの つくり方

（1）インターカルチュラルなビジョンをつくる

インターカルチュラル・シティをつくるには、まずリーダーが地域社会の多様性を現実として、前向きに受けとめる必要がある。多様な人々や集団が交流し、協力する社会をつくるには、どうしたらよいか考えなければならない。そして、リーダーと市民が何をしなければならず、どのような組織やネットワーク、物理的インフラが必要なのかを検討することになる。

この過程を、ICCでは「インターカルチュラルなビジョンづくり」、あるいは「インターカルチュラルなまなざし」で都市を見直すことと呼んでいる。インターカルチュラルなアプローチを取ったからといって、何か新しい政策を始めることを意味するとは限らない（都市問題の中には、ルールや規制の過剰により起きているものもある）。既存の政策を新しい観点で見直す、すなわち「インターカルチュラルなまなざし」による見直しが大切である。したがって、インターカルチュラルなアプローチを取ることで、必ず新たな出費がかさむわけではない。むしろ、明確に示され、共有されたゴールに焦点をあわせ、重複や競合を排除することで予算の節約となり、効率化につながるかもしれない。

インターカルチュラル・シティでは、文化的感受性の養成や異文化間の交流は、役所の特定の部署や担当者の責務とは見なされず、当然すべての部署が、その運営に戦略的に組み込むものとなる。つまり、ICCに加盟することで、いままで国際課などを中心に育んできた多文化共生施策の強みを伸ばすと共に、部署の垣根を越えて、多くの職員さらに市民団体が問題意識を共有しながら、

いままで解決できなかった問題に取り組むことが可能になるのである。

インターカルチュラルなビジョンをつくる上で、①政治的なリーダーシップとコミットメントおよび②多様性の尊重を目指した意識醸成の２点が重要である。

まず、リーダーがインターカルチュラルな眼差しを持ち、多文化共生を提唱するインターカルチュラルなビジョンをつくる上で最も重要なのは、政治的なリーダーシップとコミットメントである。多様性を尊重するリーダーの存在なしに、インターカルチュラル・シティを創ることはできない。外国人への恐怖感や偏見を抱いた有権者と対話し、多くの人々を説得しながら、インターカルチュラルな政策を推進するのは勇気のいることである。しかし、政治的リスクを取り、将来の社会のビジョンを示すことができるリーダーには、おのずと市民の支持と評価がついてくるであろう。市のリーダーによる文書や口頭での意見表明、議会による宣言、政策文書の作成は、多様性と包摂へのコミットメントを表明する主要な手段である。こうしたコミットメントを、できるだけ目に見える形で公に表明し、特に、都市全体に関わるイベントやお祭りにおいて、繰り返す必要がある。

また、インターカルチュラル・シティのビジョンが住民に支持されるためには、多様性は都市の資産であることが広く認められなければならない。多様性の尊重を目指した意識醸成にとって、社会への発信と公の場での議論は欠かせない。そして、社会の一体性を築くために、マイノリティに対する根拠のない偏見の解消に取り組まなければならない。そのためには、リーダーがインターカルチュラリズムの推進者として、一般市民の間に広がる偏見に働きかけることのできる団体や個人、マスコミ、ソーシャルメディア関係者などからなる広範なネットワークをつくりあげる必要がある。多様性に関する社会的発信は大変な作業であり、また、その成果を評価するのは困難である。多様性をめぐる街の現実に関する知識の欠如、公共空間やメディアでの排外的で人種主義的な見解の表明、そして誤った情報や認識は、新しい住民の統合やコミュニティの一体性を損なう。

多様性の意識づくりのキャンペーンが市民の多様性への支持を広げ、また多様性の利点に対する理解を深めるためには、都市戦略の一環として、よくデザ

インされたものである必要がある。こうしたキャンペーンは、市のリーダーや職員、市民団体や他のパートナーが一丸となって、共通の目標に向かって取り組みを展開する一助となり、ひいてはインターカルチュラル政策の有効性と持続性を確保することに役立つ。

コラム❷ 反うわさ戦略

　多様性を尊重するまちづくりの大前提は、行政と地域社会が一丸となり、差別を許さないという意思表明と仕組みづくりをすることである。しかし、あからさまな差別をしてしまう一部の人々が行動を改めたとしても、私たち誰もが何かしらもっている国籍や民族、言語、宗教、そして性的指向などをめぐる無意識の偏見と否定的なステレオタイプは残る。そして、事件が起きたり、感染症が広まったり、不況になったとき、少しでも異質な人々を単純にひとくくりにして攻撃する風潮に歯止めがかからなくなってしまう。

　こうした問題を予防する方法のひとつとして、2010年にバルセロナ市（スペイン）で生まれ、各地のインターカルチュラル・シティで普及しているのが「反うわさ戦略」である。これは、「移民により都市のアイデンティティが失われる」、「○○人が我々の職を奪っている」といった単純化された語り（うわさ）に対して、それを信じかけた「迷える大多数」の住民を日常のなかで説得し、正確な情報を調べたり、近所の住民を「移民」や「○○人」と単純にくくらないようにしてもらうものである。

　ポイントは、「お役所の啓発キャンペーン」のようなものではなく、団地の自治会や移住者の団体、商工会議所などに関わってもらい、地区ごとにオリジナルの「反うわさ戦略」をつくることである。そこでは、うわさを信じたり広めてしまった住民を「上から」責めるのではなく、うわさを地域社会の課題として共有して、ユーモラスな反論方法を一緒に考えることが大切になる。また、「反うわさ戦略」の限界をきちんと把握することも重要である。偏見は差別の一要因にすぎず、「反うわさ戦略」はその特効薬ではなく、多様性を尊重するまちづくりの視野を広げ、多くの住民に参加してもらうための「きっかけ」である。例えばバルセロナ市では、「反うわさ戦略」の取り組みを通じて浮上した住居差

別やマスコミ報道のあり方といった課題を、インターカルチュラルな政策の改善に活かしている。

【参考文献】

ダニエル・デ・トーレス（2020）『反うわさ戦略のつくりかた』欧州評議会.

コラム ❸ 多文化共生・多様性の意識醸成

　多文化共生の意識醸成を目指した活動は、この10年余りの間に全国の自治体に広がりつつある。愛知県では、2009年度に多文化共生推進功労者表彰制度を創設し県内の小中学生を対象とした多文化共生作文コンクールを始めた。北九州市では、2009年度から毎年10月を多文化共生推進月間として、多文化共生を市民にアピールするキャンペーンを行っている。浜松市でも、2013年度からはままつ多文化共生MONTHを、2018年度から多文化共生活動表彰を始めた。

　多様性の意識醸成を目指した活動も広がっている。三重県は、2017年に「ダイバーシティみえ推進方針」を策定し、翌年、同方針を分かりやすく示したカラフルな冊子を県内各市町に配布すると共に、方針概要リーフレットを6か国語で発行した。渋谷区は、基本構想（2016年）で「ダイバーシティとインクルージョン」を唱え、それ以来、区の未来像として「ちがいを…ちからに…変える街。」を掲げ、ホームページなどを通じて、区内外に発信している。

（2）インターカルチュラル・シティのチェックリスト

　それでは、より具体的な政策やプロジェクトが本当にインターカルチュラルであるかどうかを評価するのに役立つ、使いやすいチェックリストを紹介しよう[1]。

1. 多様性

質問1：プロジェクトは、計画段階から「多様性の利点」を考慮しているか

・多様な利害関係者からの意見を聞き入れているか

質問2：プロジェクト評価の設計段階から、多様性の尊重を念頭に置いているか

・地域社会の多様な構成員、特に対象となる集団が評価プロセスに含まれているか

<u>多様な人々の協力</u>

質問3：政策担当者のチームは多様性に富んでいるか

・チームには、個々のメンバーだけでなく、関与している部門の観点からも多様性があるか

・チームメンバーには、プロジェクトの対象となる集団の一員や、その集団に関係する問題の専門知識を持つ人が含まれているか

質問4：多様なセクターやコミュニティが参画しているか

・「常連」のパートナー以外がプロジェクトに参加できるよう、広範なメディアで宣伝したか

<u>多様な参加</u>

質問5：政策は、多様な都市住民の参加を最大限に引き出すように設計されているか

・様々な集団や地域に働きかけるための戦略と明確な基準（マイノリティの人数比率など）があるか

・集団内の小さな集団に働きかけているか（マイノリティ代表としての、女性や性的マイノリティの参加など）

・多言語性を尊重するだけでなく、絵や色などの非言語コミュニケーションを含む、様々なコミュニケーション手段を使用しているか

┌───┐

コラム④ やさしい日本語

　やさしい日本語（plain Japanese）とは、難しい言葉を言い換えるなど、相手に配慮した分かりやすい日本語のことである。「やさしい」には、「易しい」と「優しい」の2つの意味がある。日本語が母語でない人だけでなく、障がい者や高齢者などとのコミュニケーションにも有益である。

　1995年の阪神・淡路大震災の際に外国人住民に必要な情報が届かなかったという反省から生まれた。その後、災害時だけでなく、平時における自治体の行政情報や生活情報の提供においても活用されるようになり、2010年代にインバウンド観光が盛んになる中、東アジア等からの旅行者とのやりとりにおいても活用されるようになった。また、近年、日本人住民と外国人住民の交流促進のために活用する自治体も増えている。

　出入国在留管理庁と文化庁は、2020年8月に、書き言葉に焦点をあて、国や自治体等におけるやさしい日本語の普及を目指して、「在留支援のためのやさしい日本語ガイドライン」を策定した。また、2022年3月には、やさしい日本語の普及を一層促進する方策を検討するために両庁が設置した検討会議が報告書「やさしい日本語の普及による情報提供等の促進の在り方」を公表した。

└───┘

質問6：多様な集団が政策に参加する際にどのような障壁があり、それをいかに克服できるかを検討したか

・物理的（交通の便）、言語面（使用言語や用語の専門性）などの障壁について考慮したか
・参加者の時間的余裕（仕事や育児の都合）に配慮したか、あるいは会議に参加できない場合の意見表明の手段（書面など）を用意したか

<u>他者への働きかけ</u>
質問7：政策のパートナーに対して、多様性の尊重を促したか

・パートナーに対して、多様性の尊重や多様性の優位性に関する研修の実施

を働きかけたか

・多様性の尊重を、調達契約を結ぶ際の選択基準のひとつに位置付けたか

質問8：多様性の利点について住民に周知する戦略を持っているか

・公式文書やウェブページ、ソーシャルメディアでの広報などで多様性の利点に言及しているか

<u>国際的な展望</u>

質問9：市内の移住者コミュニティとかれらの出身国とのつながりを考慮しているか

・移住者の言語と出身国・都市とのつながりを活用し、国際的な関係を発展させているか

質問10：祭典や文化イベントに対する移住者の平等な権利を促進し、これを真の国際都市としての機会や利点と捉えているか

・市内の特定の集団が行っている祭典や文化イベントと協働し、住民間の積極的なインターアクションを増やすことを検討しているか

・多言語都市の利点を十分に享受するために、少数派の言語を多数派が習得する方法を模索しているか

2. 平等

質問1：人権と平等の理念を、具体的な政策や行動に反映する方法を検討したか

・人権や平等に関する国の法律や国民の義務との関連が明確になっているか

質問2：市内の集団間・地域間格差の是正に関する評価をしたか

・取り組みの影響を最も受ける人々からの意見を取り入れたか

<u>積極的な反差別措置</u>

質問3：政策が制度的差別に加担していないかという点を含め、反差別を取り

組みの主軸に据えていることを確認したか

・政策立案するために必要な、都市における平等と差別に関するデータを持っているか
・差別を受ける可能性のある人々が、プロジェクトの計画、実施、評価に参加しているか

質問4：差別と闘い、被害者への支援と補償を提供する市民団体やその他の機関との連携を検討したか

・オンブズマンや反差別団体など、政策の実施方法について助言できる、あるいはプロジェクトの結果に関心を寄せる機関や組織はあるか

協働を通じた ICC 基本理念の共有

質問5：すべての政策において、ICC の基本理念の共有を意識しているか

・個別の政策を、市全体の ICC としての全体的な枠組みに適切に位置付けているか
・政策の立案から実施、評価に至るまで、平等、多様性、反差別などの価値を明確に考慮しているか

質問6：基本理念の実現に向けて、積極的に協力者を探したか

・政策パートナーは、ICC の基本理念を認識しているか

人権と平等の伝達と促進

質問7：コミュニティの全員と情報を共有するための、包摂的な広報戦略はあるか

・言葉遣いだけでなく、シンボルや絵などの非言語コミュニケーションにおいても包摂性に配慮しているか

質問8：多様な人々が取り組みの情報共有や広報に参加できるように努めているか

・地域のメディアや、移住者・マイノリティの出自を有するジャーナリスト

などを含む様々なメディアに定期的に情報を発信しているか

<u>不平等に対処するための積極的な対策</u>

質問9：取り組みへの参加を阻む不平等（制度的なものを含む）について検討し、改善策を考えたか

・交通や立地の面で、特定の地域や近隣の市民にとってアクセスしづらい場所で取り組みを実施していないか
・積極的な差別是正手段を取る場合、それが不平等にさらされている集団の当事者のニーズを踏まえているか

質問10：多様なコミュニティや市民団体との協力の可能性を検討したか

・多様な集団やコミュニティの人々にいつ、どのように参加してもらうかについて、明確な戦略があるか
・各集団の代表者がコミュニティ内の様々な声を幅広く代表しているか、あるいはもっと多くの声を取り入れること（例：男女比）を検討したか

3. インターアクション

<u>違いを超えた、日常の前向きな出会いを増やす</u>

質問1：住民の日常において、どのような場面から前向きなインターアクションを増やせるかを検討したか

・必要に応じて、教育、計画、住宅などに関する他部局からの助言を求めたか

質問2：公共空間の計画、設計、改修、使用において、インターアクションの促進について考慮したか

・特定の空間デザインが、異なる集団にどのような影響を与えるか検討したか
・プロジェクトの計画やデザインをイラストなどで分かりやすく伝えているか

<u>パートナーシップでの活動</u>

質問3：多様な集団の交流を促進するための工夫をしているか

・取り組みの計画段階から全体を通して、参加型のアプローチをとり、多様

な都市住民との真の関わり合いを持っているか

・取り組みの「常連」以外の住民を意識して、積極的かつ創造的にアウトリーチを行っているか

質問4：取り組みの財源、イベント、パートナーシップなどについて検討する際、インターアクションの促進を基準の一つに入れたか

・イベントや公的文書（活動報告を含む）、取り組みのトピックとして、明示的にインターアクションに関するテーマを取り入れているか

交流の不安や心理的な「壁」の理解

質問5：インターアクションに対する住民の恐れや障壁があるかどうかを把握しているか

・市内の住民におけるインターアクションに関するデータを持っているか

・イベントや会議の場所や時間について、女性の安全、多様な集団のアクセス、仕事や育児の事情など、日常生活におけるインターアクションの障壁を考慮しているか

・部屋のレイアウト、参加者の座る場所などにも配慮し、あらかじめ予想されるインターアクションの「壁」を軽減するための工夫をしているか

質問6：取り組みの中で、コミュニケーションの障壁を可能な限り少なくするための明確な計画があるか

・使用する語彙は分かりやすく、明確か

・必要に応じて、少人数でのミーティング、書面、口頭、電話など、様々な方法でやりとりが行われているか

対立を仲裁し、うわさに対処する

質問7：あなたの市は、取り組みのなかで起こりうる対立について、リスク分析を行ったか

・インターアクションを促進するにあたって、それが住民間の潜在的な恐れや障壁、対立を悪化させてしまわないかどうかについて、リスク分析をし

たか

・取り組みを通じて生じた課題や対立・緊張に対処するための明確な行動計画があるか

質問8：ポジティブなインターアクションをさまたげる固定観念や偏見を見直すために、「反うわさ戦略」（コラム②参照）の実施を検討したか

<u>インターアクションの輪を広げる</u>

質問9：プロジェクトには、住民や特定の集団の当事者意識を高めるような要素があるか

・取り組みやその評価に、多様な住民が参加できているか

・行政による取り組みが終了しても、地域コミュニティや特定の集団がそれを引き継ぐことができるための工夫をしているか

質問10：インターアクションの効果が持続するように工夫しているか

・計画段階から、インターアクションに関する明確な指標を設定しているか

・他の都市やICCネットワークなどに、取り組みをグッドプラクティスとして共有することを前提としているか

注

1）出　典：Council of Europe (2021) HOW INTERCULTURAL IS YOUR POLICY OR PROJECT?
https://www.coe.int/en/web/interculturalcities/-/how-intercultural-is-your-project-

第3章
多様で包摂的なまちづくりを担うには

　ここまで、私たちが暮らしている地域にすでに根付いた多様性を活力にするインターカルチュラル・シティの意義や政策のあり方について考えてきた。本章では、これが日々のまちづくりとどう関わるのか、自治体職員の職務を「インターカルチュラル能力」の観点から明らかにする[1]。

（1）インターカルチュラル能力とは

　　——この世には、自分が属しているもの以外にも、様々な生活の世界があるのだ。そう思うことは、他人にたいする寛容を生み、したがって、やはり偏見を薄めることにつながる。

陳舜臣[2]

　「異文化」や「多文化」に関わる自治体の仕事というと、国際交流や外国語を使う業務にやりがいを見出す人がいる一方で、国際交流担当や通訳に任せておけばいいと無関心をよそおったり、生活トラブルへの対応などに不安を抱く人もいる。

　でも一度、肩の力を抜いて、先入観を捨ててみよう。インターカルチュラル・シティのすべての住民、とりわけ自治体職員に求められる「インターカルチュラル能力（intercultural competencies）[3]」は、もっと身近なものである。

　平たくいえば、（例えば外国人に限らずとも）他の人と仕事や地域生活を共にするとき、相手を理解し、柔軟に対処する能力である。外国語に堪能であろうとなかろうと、私たちはインターカルチュラル能力をすでに持っているのである。問題は、相手と「どうしても分かり合えない」と感じる瞬間が、ときに

誰にでも訪れることである。どんな状況にも役立つ万能薬はありないが、自分自身とは異なる生き方や考え方を持つ人を理解し、認めあう能力を高めることは可能である。インターカルチュラル能力に関する研究によれば、それは知識・技能・態度からなる。

I. 知識（knowledge）
・自らと相手の文化的背景が異なることに対する自己認識
・自らと相手の文化の両方に対する深い知識と理解

II. 技能（skills）
・相手に積極的に耳を傾ける
・相手との人間関係を構築する

III. 態度（attitudes）
・相手の文化の価値を認め、敬意を払う
・あいまいで不確実な状況が生じることを受け入れ、起きうるトラブルを予測しながら、共感をもって適切に対応する

　これらは、他者と向き合ううえで「あたりまえ」にすべきことだと分かっていながら、しかし誰も完璧にはできないことである。できないことに身構えるのではなく、ポジティブ思考で受けとめることが大切である。

（2）自治体職員の職務とインターカルチュラル能力

　肩の力を抜いたところで、仕事の話に入ろう。自治体職員には、具体的にどのようなインターカルチュラル能力が求められるのであろう。この能力については主に、将来の社会をになう多様な子どもを育てる教育関係者や、多様な技能と才能をもった人材を活用したい民間企業向けに議論がなされてきた。こうした分野に直結する職務についていない自治体職員にとって、インターカルチュラル能力はとりわけ縁遠いものかもしれない。
　しかし、「全体の奉仕者」（地方公務員法第30条などに規定）である自治体

職員にしかできない、インターカルチュラル能力の発揮の仕方があるはずである。日本では、地域における多文化共生推進の担い手を養成する研修が 2000 年代から行われており、その対象者には自治体職員が含まれている。ICC もまた、加盟都市における自治体職員向け研修やマニュアルの開発に協力している[4]。まちぐるみで平等を実現し、多様性を認めあい、積極的な交流を目指すインターカルチュラル・シティの実現に、自治体職員の貢献は欠かせない。ここでは、公務員の職務特性（民間企業社員との違い）として日本で言及されることの多い 4 つのポイント[5] を起点に、自治体職員に特に必要とされるインターカルチュラル能力について考えてみる。

①公益性

　公共の利益のために働く自治体職員は、地域社会に必要な事業を守り、実情に合わせて柔軟に運用するという重要な役割を担っており、その給与は（外国人を含む）地域住民の負担によって賄われている。住民の構成が多様化するなかでの事業・政策の適切なあり方を探るためには、変化を前向きに捉える態度や、街の歴史と現在を知り、地域住民の構成やニーズを的確に捉える力、そして窓口などで住民の声に耳を傾け、「肌感覚」を研ぎ澄ます技能が求められる。

　多様化する地域の公益を追求するその責務は重大であるが、公務員も勤労者であり、地域社会の大切な一員でもある。したがって、ワークライフバランスをとり、心に余裕をもちながら、自分自身が暮らしはたらく街の変化を楽しむことも「仕事の一部」なのである。街を歩き、外国人住民を含む多くの人々とゆるやかにつながる。そうしたプライベート面での充実は、インターカルチュラル能力を高めるうえでも有効である。

　インターカルチュラル・シティづくりの第一歩は、街の多様性についての現状認識を行政と住民で共有することである。堅苦しい書類ではなく、地域の実情をていねいに聴いたうえで、親しみやすい形で表現できると理想的である。

　例えば浜松市多文化共生センターでは、ブラジルやペルー、フィリピンなど外国人世帯が多く住む、同市西区の佐鳴湖西岸団地にスポットを当てたインタビュー記事を中心に、浜松に外国出身者が多い理由や、近所づきあいや「やさしい日本語」のコツについてまとめた「かわらばん」を 2020 年度に作成し、

市内の自治会などに配布した。遠くに外出する機会がコロナ禍のもとで減るなか、むしろ重要になる近所づきあいについて、自治会の副会長が実際に経験したエピソードや、地元にゆかりのあるイラストレーターによる4コマ漫画をそえて説明している[6]。

コラム ⑤ 他地域や民間の取り組みから学ぶ

　団地などにおける住民どうしがインターカルチュラル能力を高めるための取り組みについては、日本でも多くの経験の蓄積がある。特に、多様な文化や生活習慣をもつ人々のあいだを取り持ってきた当事者の経験からは学ぶことが多いはずである。例えば、総務省の『多文化共生事例集』（2021年）は行政のみならず民間の取り組みも取り上げており、アイデアを得たり、同じ課題を抱える当事者とつながるうえで有用である。

　ただし、一見関係のなさそうな異業種の経験から学ぶことがイノベーションの源泉になることもある。興味深い例として、インド出身者の多い東京都江戸川区西葛西における共生に向けた取り組みがある。この地域に暮らすインド人の多くは、日本企業とインドIT企業をつなぐ「ブリッジ人材」となっているIT専門家である。そんなかれらのインターカルチュラル能力は、生活の場である団地でもまた、ことばや文化、生活習慣の違いを超えて住民をつなぐ活動に活かされている。

　また、外国人住民の定住化が進み、課題が複雑になるにつれて、言語や教育、福祉、医療、あるいは在留資格など、異なる分野の機関の連携が必要になる場合も増えてきている。自治体職員には、こうした状況において公的な調整役を務めることが期待されるのであるが、そのためには地域の現状だけでなく、関係機関の多岐にわたる仕事内容を知る必要がある。

　そこで必要となるのが、多文化共生に関する体系的な研修プログラムである。例えば東京都は2017年度から、東京都国際交流委員会による「多文化共生コーディネーター研修」を実施している。受講生はまず、専門家による多文化共生に関する講義と多文化共生コーディネーターの意義と役割に関するパネル討論を皮切りに、在留制度や情報提供、生活支援・相談対応、学校教育、医療、

日本語、災害対応といった多様な分野について学ぶ。つづいて、東京入国管理局、東京外国人雇用サービスセンター、外国につながる児童生徒の支援団体など、でフィールドワークを行う。そして、4日間の研修のしめくくりに、それぞれの地域において今後どのような活動をしたいかを発表する。

【参考文献】

総務省（2021）『多文化共生事例集（令和3年度版）』.

村田晶子（2020）『外国人労働者の循環労働と文化の仲介──「ブリッジ人材」と多文化共生』明石書店.

山脇啓造（2018）「多文化共生2.0の時代　第10回東京都多文化共生コーディネーター研修」一般財団法人自治体国際化協会Webサイト2018年2月26日付.

②公平・中立性

　全体の奉仕者である自治体職員は、すべての住民に公平かつ中立な立場で判断・行動する必要がある。インターカルチュラル・シティでは、ただ差別をしない・許さないというだけでなく、だれもが持っている偏見やステレオタイプを解きほぐす努力が求められる。それは住民のインターカルチュラル能力を底上げする[7]という、自治体の役目を果たすことにもつながる。

　インターカルチュラル・シティでは、多様性の利点を活かすために必要な専門性を有する住民や事業者を、国籍にかかわらず積極的に雇用したり、適切な委託事業を推進する。その際、正職員と有期雇用職員、そして委託事業者といった様々な立場の人々が平等に意見しあったり、適切な研修をうけることができる環境づくりも、公平・中立なサービスの実現に欠かせない。例えば窓口で問題が起きた時に、それを通訳・翻訳者の職員が一番先に察知する場合があるかもしれない。その際に問題を窓口や特定の部署にとどめず、行政や地域全体で共有する回路を作っておく必要がある。なお、問題解決のための話し合いの経験は、災害発生時などの緊急事態に住民の命と生活を守るうえでも有効に役立つ可能性がある。

　残念ながら、世界各地には深刻な差別が残っている。都市は、差別が格差や

暴力としてあらわれる場になってしまいがちな一方で、差別に立ち向かうなかで住民のつながりを再確認し、政府や国際社会に対して前向きなメッセージを発信する拠点にもなる。例えば神戸市には、外国人に対する差別を解消し、すべての人の尊厳が尊重されるまちづくりを進めるための「神戸市外国人に対する不当な差別の解消と多文化共生社会の実現に関する条例」が 2020 年に施行され、英語、中国語、韓国語、ベトナム語の参考訳が公式 Web サイトに掲載されている。

　反差別の枠組みづくりに加え、移住者やマイノリティとマジョリティにおける平等と機会均等にむけて働きかけを続け、住みよいまちづくりを通じて有意義なインターアクションと参加を推進し、多様性の利点を最大限に活かすのがインターカルチュラル・シティである。そのカギは、あからさまな差別をしてしまうごく一部の人々以外の、自治体職員の大半を含む「迷える」マジョリティの認識転換である。無意識の偏見と否定的なステレオタイプを責めるのではなく、ユーモアをまじえつつ変える方法をまちぐるみで編み出すことが大切である。例えば、ICC の代表的な取り組みとして欧州で実践されている、「反うわさ戦略」という取り組みがある（コラム②を参照）。

コラム❻ インターカルチュラルに街を体感する

　多くの街に、国や文化を超えた人々の交流の歴史がある。これを国際都市の歴史や観光資源にとどめず、中長期的なまちの将来設計に活かすことが、インターカルチュラル・シティには欠かせない。そうした取り組みは、すでに街のなかで始まっていることもある。

　例えば神戸市中央区には、かつて日本人のブラジル移民が渡航する直前に滞在していた施設を改装した「海外移住と文化の交流センター」があり、南米移住の歴史についての展示のみならず、南米日系人コミュニティの活動や、芸術を通じた国際理解のためのアートスペースとしても機能している。また、同市長田区に住む外国人住民の日本語学習や生活ガイダンスの拠点である「ふたば国際プラザ」も、地元にゆかりのある世界各地の文化を体験する相互理解の場

づくりや、それを支援できる人材の育成に努めている。

　こうした取り組みと、その背景にある在日コリアンや中国帰国者をはじめとするマイノリティの生きた歴史を知り、尊重することが、真のインターカルチュラル・シティの実現には欠かせない。なお、難民の定住をきっかけに発展した日本有数のベトナム人コミュニティの存在でも知られる同区には、ベトナム難民の母から息子が受け継いだ味を、長田で評判のパン屋の技術と協力によって再現したバインミー（ベトナムのサンドウィッチ）の店がある。ベトナム人技能実習生や留学生を含む地域住民に人気の「食」にも、インターカルチュラルなまちづくりのヒントが詰まっている。

【参考文献】

「坂を下って」『神戸新聞』連載記事 2020 年 7 月 31 日～ 8 月 6 日付.

「母の味、ベトナム料理店人気　難民 2 世、夢を継ぎ開店　神戸・長田」『毎日新聞』2020 年 10 月 13 日付.

③独占性

　自治体が提供するサービスには、公共の目的のために民間企業が参入できないものが多くある。競争相手がいないことは、「お役所仕事」をめぐる批判の対象になることもある。しかし自治体にしかできない事業には、市場の一時的な動向にとらわれず、長期的視野に立った取り組みを着実に行うという重大な責任が伴っている。多様な住民によるビジネスや市民活動が軌道に乗るかどうかは消費者や利用者次第であるが、例えば多言語での情報提供やソーシャルビジネスの支援といった環境整備を安定・一貫して主導することは、行政にしかできない。

　独占性を考慮すると、様々な行政サービスにインターカルチュラルな視点を取り入れる意義が見えてくる。例えば公立図書館は、住民が「平等に」情報へとアクセスする大切な窓口であり、様々な言語や多様な作者による活字作品を取り揃えて「多様性を認めあい」、利用者どうしや職員との「積極的な接触」を実現する格好の場となる。浜松市では、図書館に電子書籍を導入する際にインターネット関連サービス企業と提携し、ポルトガル語など多言語の書籍も「はままつ電子

図書館」から利用可能にした[8]。電子書籍化と図書館サービスの多言語化を組み合わせたことは、コロナ禍においてもプラスに作用している。対面サービスが制限される中でも多様な住民の情報ニーズに応えられるだけでなく、行政からの感染対策情報なども電子書籍と一緒に多言語で提供できるためである。

　この例に限らず、住民の多様性に配慮した IT サービスを自治体が民間に率先して模索することは、今後ますます重要になると見られる。例えば、スペインのバルセロナ市は市民参加型オンライン合意形成システム（2016 年稼働）を多言語化し、インターカルチュラル・シティの計画や、コロナ禍における外国人支援サービスの改善に際しても活用している。なお、都市計画分野ではすでに、このシステムの日本語版が兵庫県加古川市のスマートシティ構想に活用されている[9]。

　まちづくりへの多様な住民の参加を重視するインターカルチュラル・シティだからこそ、他に代えがたい調整役としての行政の役割が重要となる[10]。もちろん、民間企業との適切なすみ分けや協業にはまず、どのような民業が街にあるかを探る必要がある。まず、多様性を活かした取り組みを行う当事者の意図や、短期的な市場動向に左右される事業ゆえの困難を知り、行政に何ができるかを考えたい。

④権力性

　自治体職員の公務は法令に基づいたものであり、ときには相手の意思にかかわらず行わなければならないこと（強制執行）もある。また、裁量の行使には熟慮がもとめられる。そのため、全職員が基本的人権について理解を深めるのみならず、現場の問題を一部の専門家や職員のあいだだけでとどめず、行政全体で課題を共有できる組織づくりが重要となる。また、国や都道府県などと積極的に連携するための知識や関係者との人脈も、地域全体に役立つ公務の実効性を確保するうえで欠かせない。

　しかし、真剣に現場と向きあえば向きあうほど、判断の難しいケースに直面しがちである。悩みを行政のなかで抱え込まず、住民とコミュニケーションをとったり、住民の意見を取り入れる方法を探ることで、解決を模索する必要がある。

権力性をふまえ、行政と多様な住民とのコミュニケーションを改善する方法
として、多言語対応がある。ただし、職員と（非常勤職員であることも多い）
翻訳者・通訳が平等な関係を築き、言葉や文化の違いを理由に不平等や人権侵
害が起こった場合に適切に対処できるようにする必要がある。また、緊急性の
高いこと（社会保障や税金など）に多言語対応のリソースを集中し、それ以外
の業務では誰にとっても分かりやすい「やさしい日本語」を使うなど、状況に

表 1. 自治体職員の職務特性とインターカルチュラル能力の関係

インターカルチュラル能力		I. 知識	II. 技能	III. 態度
自治体職員の職務特性	**1. 公益性** 住民全員のため、適切な施策や事業のあり方を探る	地域住民の構成やニーズを的確に捉えるために必要な、街の歴史と現在についての知識	多様な住民と対等な立場で接しつつ、それぞれの事情や価値観を知り、多様性に対する肌感覚を研ぎ澄ます	住民の様々な文化に心を開き、興味を示す
	2. 公平・中立性 すべての住民に公平かつ中立な立場で判断・行動する	文化や置かれた状況などの違いから生まれがちな、偏見やステレオタイプについての理解	多様な住民にアクセスしやすい公共サービスを追求しつつ、地域の課題や施策のあり方を住民に適切に説明する	行政のあり方も地域・文化によって異なることを踏まえつつ、相手に積極的に耳を傾け、誤解やトラブルがあった時も同じ人間として尊重する
	3. 独占性 **（民業とのすみわけ）** 長期的視野に立ち、民間にはできない事業や関係者間の調整を行う	行政がすべき業務とその周辺についての基本的な知識	行政の外部、特に市民社会と積極的に協働しながら、草の根の専門性や経験を尊重し、見習う	中長期的な視野に立ち、誤解や小さなトラブルが起きる可能性を受け入れ、多様性を前向きに捉えながらコミュニケーションを取り、解決法を探る
	4. 権力性 法令にもとづき、ときに強制性を伴う形で職務に取り組む	基本的人権についての理解と、判断ミスがもたらすリスクに適切に向き合い、状況改善を図る方法に関する知識	人権擁護を優先して判断を急ぐ場合と、逆に状況の十分な理解を優先する場合を適切に見極める	状況のあいまいさや相互理解の不足が起きうることを自覚し、多様な意見を取り入れようとする

出典：筆者作成

応じて柔軟に課題解決を目指すことも大切である（コラム④も参照）。

（3）まとめ

　ここまでの内容をまとめると、表1のようになる。冒頭でも述べた通り、これを完璧にこなせる人はいないと思うが、ベストを尽くすことはできる。現在の仕事内容に応じて、まずは「公平・中立性」や「権力性」に留意して人権侵害を防ぐ、「独占性（民業とのすみわけ）」のなかで街の将来に資する政策を編みだす、「公益性」をより広い視野から捉えなおすことで従来の取り組みを強化するといったことについて、可能な施策を具体化することが、小さな、しかし重要な一歩となる。

注
1) 本章の執筆にあたっては、スペインのICCを中心に活躍する専門家のダニ・デ・トーレス氏とジェンマ・ピニョル氏、そしてビルバオ市職員のエカイン・ラリナガ氏に貴重なアドバイスをいただいた。この場を借りて、心より感謝する。
2) 「味覚にみる上方と江戸」（『竹におもう』筑摩文庫所収）より。陳舜臣は神戸に生まれ育ち、生涯にわたって同地を活動の拠点とした小説家・歴史家（1924-2015）で、直木賞、大佛次郎賞、日本翻訳文化賞などを受賞している。祖先は中国・福建省の出身で、祖父の代に台湾から神戸に転居した貿易商の家で育った。中国やインドを扱った小説や随筆にくわえ、11世紀ペルシアの詩人オマル・ハイヤーム作『ルバイヤート』の翻訳でも知られる。
3) 国際教育などの分野では、「異文化間能力」とも呼ばれる。しかし本章では、とりわけインターカルチュラル・シティの行政と住民が育む能力としての側面を強調するため、インターカルチュラル能力と訳した。
4) 例えば、スペインのICC国内ネットワークは、2020年末に自治体職員向けのオンライン研修マニュアルを発表している。
5) 例えば、右記参照。市町村職員研修教材開発委員会編（2020）『市町村職員研修いちからわかる！地方公務員　仕事のきほん』ぎょうせい。
6) 浜松市多文化共生センター（2020）『はままつ街のかわらばん　おとなりさんは外国人』、「外国人との接し方知ろう　浜松市多文化共生センターが冊子発行」『中日新聞』2020年10月20日付（篠塚辰徳）。
7) ICC Step by Step p. 23
8) 「母国語の本、借りたいな　図書館、外国人向けサービス途上」『朝日新聞』2020年5月18日付（萩一晶）。
9) 「加古川市市民参加型合意形成プラットフォーム」ウェブサイト参照。https://kakogawa.diycities.jp/
10) この点は、例えばスペイン国内ネットワーク（RECI）による、次のガイドでも強調されている。Kaleidos.red（2019）El desarrollo de procesos participativos interculturales

en el ámbito local.

⬛コラム❼ 社会的企業とインターカルチュラル・シティ

　インターカルチュラル・シティは、行政が中長期的な見通しをしっかりと立てるだけでなく、それが住みよい街をつくる住民の動きとかみあって二人三脚となったときに実現する。そのための第一歩は、地域の情報にアンテナを張り、企業やNPOによる「面白い取り組み」、「有意義なチャレンジ」、「おいしいお店」の仕組みと成果、そして課題を理解することである。

　例えば、神戸市中央区・元町と南京町（中華街）を結ぶ路地裏には、タイ・台湾・中国・フィリピン・モルドバなど、多国籍の女性シェフたちが母国の家庭料理を提供する食堂「神戸アジアン食堂バルSALA」がある。文化や言葉の壁にぶつかり、日本で孤立している外国人女性の「料理」を通じた自立支援の試みは、「ひょうごクリエイティブビジネスグランプリ2020」を受賞している。また同市兵庫区には、日本語を学習する長期・短期留学生や入国直後の技能実習生のための「国際交流シェアハウスやどかり」がある。コロナ禍の苦境のなかで閉鎖の危機に直面しながらも、クラウドファンディングなどを活用しつつ、より苦しい立場にいる留学生や技能実習生のための大切な居場所を守ろうとしている。

　こうした取り組みの最前線には、行政の中からは生まれてこないアイデアや、極めて切実な現場の要望がある。行政に何ができるか、当事者の意向を尊重しながら考えることが大切である。

【参考文献】

「アジア出身女性に働く場提供　料理店存続へ支援を　神戸」『神戸新聞』
　2020年5月23日付（吉田敦史）.

「外国人向け神戸のシェアハウス苦境　ＣＦで寄付募る　「留学生たちの居場所を」」『毎日新聞』2020年5月13日付.

第Ⅱ部

加盟都市のネットワーク

第4章
スペイン国内ネットワーク（RECI）の
持続的発展

ダニ・デ・トーレス

（聞き手・翻訳：上野・山脇、カッコ内は聞き手による補足）[1]

（1）スペイン ICC ネットワークとは

　2011 年設立のスペイン国内ネットワーク（RECI）は 7 都市から始まり、現在は 20 都市にまで拡大している。設立当初より、ICC の国際的なネットワークと密接に結びついた活動を優先して行ってきた。ICC 指数にもとづく政策の改善などに関して、年に 2 回の会合を開いている。現在はさらに、オンラインでもう 1 回年次会合を開くことができるようになった。

　同時に、RECI 独自の取り組みも設立当初より行ってきた。「移民・難民受け入れ政策（acogida）」や「移民をめぐるナラティブ」といったテーマごとにワーキング・グループを作り、テーマに関心を持つ都市が集まって政策提言などを進める。また、自治体職員のインターカルチュラル能力向上や移民に関する偏見・ステレオタイプの転換のための「反うわさ戦略」[2] の実施に向けた研修、ICC の政策に関するハンドブックの作成なども実施してきた。加盟都市が増加した現在では、質の高い議論や取り組みを実施するために、複数のワーキンググループを作って同時進行するといった工夫が欠かせない。

（2）RECI の誕生

　私自身は、バルセロナ市の移民受け入れ政策に関わっていた 2008 年から、ICC のことを知っていた。そして、その理念や政策をめぐる語り（ナラティ

ブ）はバルセロナが目指すものと一致していると思っていた。そこで、ICC と
コンタクトを取り始めたわけである。

　ICC 側も、すべてをストラスブールの欧州評議会事務局が取り仕切るのでは
なく、各国の事情に合わせて ICC ネットワークを展開する方針に転換し始め
ていた。まず最初に、イタリアのネットワークができた。イヴァーナ・ダレッ
サンドロ氏のアドバイスのもと、レッジョ・エミリア市が中心的な役割を果た
した。

　スペインでも同様のネットワークを作ろうと、はじめはイレーナ・ギディコ
ヴァ氏が、バルセロナ市役所の私に提案してきた。しかし、この構想は実現せ
ず、代わりにバルセロナにある公立大学であるポンペウ・ファブラ大学と協
働することにした。インターカルチュラリズムの専門家として知られるポン
ペウ・ファブラ大学（バルセロナ市）のリカール・サパタ＝バレロ教授と共に、
スペインでインターカルチュラルな都市を実現するための指標をつくり始めた。

　そして、どの都市から始めるかなどを検討するうちに、サパタ教授がスペイ
ン国内の都市ネットワークをつくることを提案した。こうして、RECI は 2011
年に発足した。最初のプロジェクトは、サパタ教授と、ICC エキスパートであ
り、スペイン政府移民部局の専門家会議座長の経験も有するジェンマ・ピニョ
ル氏による、ICC 政策形成のためのハンドブックづくりであった。

　その後、RECI は欧州評議会や各自治体、そして民間財団（ラ・カイシャ
財団）の資金援助を得られるよう、組織形態を若干変えてきた。資金の確保
は、最低限の継続性・時間を確保するためにどうしても欠かせなかったのであ
る。こうして、RECI は今日まで存続している。なお 2013 年頃に、私が山脇
教授と初めてお会いしたのは、RECI の初期段階で、ラ・カイシャ財団の資金
と場所（カイシャ・フォーラム）の提供を得てバルセロナ市で開催したサマー
スクールであった。

（3）ネットワーク継続の秘訣

　当たり前のようで大事なことは、都市にとって有益なネットワークであり続
けるということである。ここでいう「都市の利益」は、自治体全体にとっての
大きな意義だけでなく、実務担当者が個人的に「よかった」と思える体験も含

む。

　とりわけ RECI では、各自治体の議員以上に、実務担当者の参加を大切にしてきた。議員は交代してしまうからである。また、やる気のある実務担当者でも、1 人では燃え尽きてしまう。そこで、（都市のアピールになるような）良いことだけでなく、悩みや困難も共有するようにしている。

　ただし、悩みを共有して安心するだけの場ではつまらなくなり、長続きしない。RECI が広い視野や、取り組みに使える新しいナラティブをもたらす、インスピレーションの源泉になるよう苦心している。そのために「参加重視」が RECI のポリシーである。中心メンバーが物事を密室で決めているのではなく、様々な自治体からきた人たちが貢献し、最終成果を「自分のもの」と感じられる仕組みが必要なのである。

　その鍵となるのは、ワーキング・グループ内部の個人的なつながりである。一緒の取り組みを進めるなかで、異なる自治体の担当者たちが友達になることもしばしばである。こうした身近な関係性なしに、プロジェクトを進めることは困難なのである。また、万が一キーパーソンが異動などで離脱してしまっても、別の新しい人が活躍できるような環境づくりも必要となる。

　こうしたグループ間・自治体間の調整は、それだけで大仕事である。RECI では、私を含めて 3 人の専従コーディネーターが中心となって、この作業を進めている。最初は資金がなかったが、ラ・カイシャ財団の支援のお陰で、RECI を運営できるだけの最低限のサポートができるようになった。

　また、日本ではジョブ・ローテーションが 2〜3 年周期で、異動が多いと聞いたが、スペインでは通常、同じ担当者がより長く ICC 政策に関わる。そのため、長く残る担当者に RECI を牽引する主要メンバーとなってもらい、知識や経験を活かしてもらうことが大切である。

（4）民間財団によるネットワーク支援

　RECI 設立に際しては、サパタ教授が財源を探していた。そこで、私がバルセロナ市役所時代の人脈を活かし、ラ・カイシャ財団で社会的包摂などに関して積極的な支援を行っていた職員を紹介したのである。

　もっとも、ICC の中でも、スペインのネットワークは特殊だと思われる。私

とピニョル氏のポリシーにもとづき、営利団体ではなく社会的企業家のようなポジションを取っているからである。ポルトガルや英国のICC国内ネットワークは、より独立したシンクタンクが主導しているので、各国の文脈に応じて最適の形があるのだと思う。私たちの場合、ただの都市間ネットワークに終始せず、新しい取り組みを生み出すことのできる存在を目指したことが重要であった。

　もっとも、財団からの資金提供だけでは専従スタッフを雇うだけの余裕は生まれず、欧州評議会による個別のプロジェクト（「反うわさ戦略」の欧州化に向けた「統合のための広報」など）に参画することで追加資金を得ながら、RECIに従事している。

（5）ICCネットワークとRECI加盟都市の情報共有

　ICCの国際ネットワークは主に英語で会合を実施するので、どうしても英語を話せる担当者のいる都市の、しかも特定の人ばかりが参加することになる。これは、RECI設立当初からの課題である。この状況は現在も変わらないが、RECIが定着したことで、英語が通じないことがスペイン独自のプロジェクトを作るモチベーションにもなっている。

　そうはいっても、ICCについてスペイン都市全体で共有すべき事項も多くある。そこでRECIでは、機械翻訳を使って、簡略に情報を伝えている。もし、個別のテーマについて加盟都市が興味を持ったときだけ、丁寧に翻訳するようにした。

　また、RECI内部でのメールによるニュースレターも積極活用している。これは2019年に開始したもので、RECIの国内活動報告だけでなく、ICCがWebサイトで発表するニュースの概要を取り入れている。ニュースレターは3カ月ごとに発行しているが、これも頑張りすぎないことが肝心である。細かな会議報告よりも、国際的なつながりを活かした方が、参加者もやる気になる。特に、スペイン語の話せる他国の人（例えば、スウェーデン・ボートシルカ市の担当者であるスペイン系スウェーデン人のエレーナ・ロハス氏や、本書編者の上野氏など）に、会合に参加してもらうこともある。欧州評議会のICC担当者であるイヴァーナ・ダレッサンドロ氏もスペイン語が話せるので、会合に

時々参加してもらっている。

　極端な話、ICC の国際ネットワークに参加するのは 1 都市でも良い。また、スペイン発のプロジェクトを、ICC ネットワーク側が翻訳することも重要だと思われる。これは、新しい取り組みを積極的に進めるスペインの自治体で活躍する議員にとっても、良いアピールになるはずである。

（6）新しい取り組みへの挑戦

　RECI の全体会合だけでなく、RECI 会員都市間の協力として「反うわさ戦略」に特化した会合や、「若者サミット」も行ってきた。「反うわさ戦略」に関しては、現在ではほぼすべての RECI 都市が何かしらのプロジェクトを実施している。最初は RECI と別にノウハウの共有などを実施していたが、同時開催することにした。また、「反うわさ戦略」だけ行っている都市も全体会合に参加できるようにして、広く資料や方法、実践などについての情報共有を行っている。

　「若者サミット」は、もともとは RECI 会員都市の 1 つであるゲチョ市のアイデアであった。しかし、参加した若者たちがより多くの都市の若者と交流したいと提案したため、ICC や RECI がサポートし、ホスト都市も協賛するという形で拡大した。この取り組みは、コロナ禍の下でもオンラインで続き、現在ではイタリア、スウェーデン、ポルトガルの都市と連携するなど国際化している。

（7）都市の違いを超えた協力へ

　スペインでは、「移民の社会統合」の必要については多くの自治体に理解があり、外国人人口比や出身地などの住民構成の違いなどはあっても、結局必要な取り組みは似ているため問題はない。

　むしろ難しいのは、（スペインの自治体では行政の要職が政治任用であるため）政治的な路線の違いを超えて協力し合うことである。また、大都市だけでなく、ゲチョのような小都市から学べることが多い点にも注目すべきである。

　RECI では、最初から大都市や、政治的に傾向の近い都市ばかりに注目しないよう留意している。そして、一見取り組みが「遅れている」ように見える都

市でも、何かしら面白いことをしていることにも気づいてきた。したがって、各都市の取り組みをきちんと広報するための戦略が重要となる。

　また、いろいろな党派性のある都市を抱えた方が、全国レベルでの共通理解に至ることができることにも気づいた。ある都市の ICC 政策に反対する野党が、別の都市では政権政党であることがよくある。どのような都市でも RECI に入れるようにしておけば、ICC づくりに必要な最低限の知識を共有することができる。ただ、現在スペインでは移民受け入れに反対の極右政党（VOX）が伸長しており、このような政党が政権に加わった場合の対応については今後の課題となっている。もっとも、現在極右の閣外協力を得ているマドリードですら、市役所が RECI に加盟したがっており、事情はそう単純ではない。

（8）コロナ禍の下での活動の変化

　これまで改善が難しかった課題が、オンラインでの会合が活発化したことで解決に向けて進展した。例えば、テーマ別のワーキング・グループは、対面での会議時間が限られていることでうまく進まないことがよくあった。ところが、コロナ禍の下で仕方なくオンラインにしたら、2 時間である程度は話をまとめられるようになるなど、成功確率が上がった。「インターカルチュラル能力の向上」といった具体的なテーマごとに、興味のある都市を募ってグループをつくることも簡単になった。

　また、これまでは年に 2 回（春・冬）対面で会合を行っていたが、これに加えて 1 回、夏にもオンラインで会合を開催できるようになった。これにより、課題の共有やネットワークの「勢い」を維持しやすくなった。

（9）今後の課題と目標

　RECI のネットワーク内部での課題としては、加盟希望都市が増えたことへの対応が挙げられる。会員都市間の濃密なやり取りの質を損なわずに拡大路線を取ることは簡単ではない。ただ、各都市から徴収する会費（ICC 年会費の半額、年 2,500€）も増えるので、これを有効活用する必要がある。

　そこで例えば、RECI による専門家視察をするようになった。これは、ICC ネットワークによる視察（2 日半）より簡潔に、1 日半で外部専門家による視

察を完了するというものである。視察では、異なる部局の担当者が一堂に会して、自らの仕事を専門家に説明する機会が生まれる。意外とこうしたことは市役所内部では難しく、「縦割り」の元凶になっている。そのような事情もあり、特に新規加盟都市では、RECI の簡易版の視察がもたらす部局ごとの課題の明確化の効果が大きいようである。

　また、自治体が様々なプロジェクトを進めるには、EU や欧州評議会などによる補助金を獲得する必要がある。しかし、そのための煩雑な手続きに担当者が忙殺され、肝心のプロジェクトが進まずにすべてが無駄になってしまうことも多々ある。RECI は、こうした手続きのノウハウを共有することで、「書類手続き（官僚主義）で死なない」ように工夫する上でも役立つであろう。

　政策形成過程の共有という意味では、わたしたちが作成に協力したバルセロナ市の新しいインターカルチュラル・プラン（2016 ～ 2030 年）は興味深い事例である。インターネットで市民が取り組みについて提案したり議論できるシステムを活用し、過程の共有に苦心した。こうした変革の際には、自治体が何を目指しているのか、政策についてのナラティブを丁寧に築き上げ、市民を説得することが大切になる。例えば、取り組みについてのパンフレットも、カラフルなイラストやマンガを駆使するなど、工夫が必要である。こうした地道な取り組みが、極右・ポピュリスト言説に対抗する方法なのだと思われる。

　何をするにせよ、教育や研修が、常に鍵になると思う。まずは、自治体職員や議員のインターカルチュラル能力を向上させ、マインドセットを変えることが大事である。その際、ベストプラクティスの交換方法にも、改善が必要である。良い取り組みを Web サイトに載せても、担当者はあまり読まない。もっと知りたくなるようなツールを開発する必要がある。

　また、RECI と他の国際ネットワークの連携も、より強化したい。すでに、「反うわさ戦略」の一環としてスペイン各都市から若者が集まって課題を共有する「青少年サミット」では、イタリアやポルトガルの都市とのコラボレーションが実現している。こうした取り組みを強化することが、今後は大切になると考える。

注

1）2022 年 1 月 12 日、オンライン会議システムにてインタビューを実施。
2）コラム②参照。

第5章
ゲチョ市役所の取り組み
移民・インターカルチュラリティ班の15年

アンドレア・ルイス・バルソラ
（翻訳：上野）

　本章では、スペインのなかで、小規模ながらも積極的なICCの取り組みづくりで知られるゲチョ市（バスク自治州ビスカヤ県）の事例に注目する。ゲチョ市は人口約8万人の基礎自治体で、そのうち約5,000人が外国籍を有する。ここに近年帰化した住民を足すと約8,000人、すなわち総人口の約1割を占める。スペイン有数の高級住宅地を抱え、観光や家事労働を中心に、とりわけ2000年代以降に外国人人口の急増を経験してきた。以下は、同市役所社会福祉課に移民・インターカルチュラリティ班（以下、移民班）が設置された2004年から2019年までICC政策を主導してきた職員の異動に際して作成された、6章・229ページからなる大部の引き継ぎ書類のダイジェスト版である[1]。

（1）戦略の策定

① 移民班の設立と長期計画の策定

　ゲチョ市で移民班の設立が可能となった背景には、バスク州政府が2002年に移住者支援のための政令155/2002号を定め、専門性を有した政策担当者の雇用が可能になったという事情があった。こうしてできた移民班は、2008年策定のゲチョ市中期大綱（2008〜2011年）に、はじめてインターカルチュラリズムの原則を盛り込むことに成功する。具体的には、以下5つの政策分野で、13の施策が掲げられた。

［社会的包摂］移民・インターカルチュラリティ・プログラムの定着と推進

53. バスク自治州レベルで活動する移住者関連諸機関との連携

54. 移民に関する統計を毎年作成する

55. インターカルチュラリズムの視点を横断的な課題として政策に導入

56. 職員を対象とする、多様性への配慮と異文化間コミュニケーションについての研修実施

57. 移住者向け情報提供制度の集約

［経済］労働市場への参入・再雇用支援

142. 社会的排除のリスクが高い集団（障がい者や移民）を対象とした具体的なプロジェクトづくり

［平等］移住女性のエンパワーメントを促進する条件の整備

204. 「女性のエンパワーメント学校」（第2節参照）への移住女性の参加促進

205. 移住女性特有のニーズに対応した、統合促進のためのミーティング・スペースの設立

206. 移住女性向け就業支援

［和解・平和］共生の促進

218. 毎年、学校を対象とした異文化共存と人種差別の防止に関する意識向上の取り組みを実施

219. 異文化共存と人種差別の防止に関する啓発プログラムの、公共の場を通じた発展

220. 補助金募集への、移住者の統合、平等、言語政策、インターカルチュラリズムに関する分野横断的な評価・査定基準の導入

［言語］バスク語の使用促進
231. 外国にルーツを持つ親向けの、バスク語教育の利点の周知キャンペーン（以下略）

　その後、中期大綱は 2014 年から ICC の理念を導入するようになり、具体的な政策と実践へと結実していった。

②部局別の計画

　ICC 政策は移民班だけでは実現できないため、他の部局が策定する各種計画のなかにインターカルチュラルな視点を取り入れることも重要となる。特に、ジェンダー平等政策を担当する平等部とは、常に意見や経験を活発に交換してきた。家事や介護の分野に移民出身の女性が相当数いるゲチョでは、男女平等のための計画において、移住とジェンダーの視点を密接に結びつける必要があるためである。「女性と男性の平等に向けた第 2 次計画（2008 年）」では、移住女性の労働、エンパワーメント、そして可視化に焦点を当て、以下の提案がなされた。

・家事労働の実態調査を、特に移住者に注目して実施する
・移住女性のエンパワーメントを促進するために、移住者団体の結成を奨励する。
・「女性エンパワーメント学校」に、移住女性の参加を促進する
・移住女性の出身文化に対する、住民の意識を高める

　その後も、移住女性による当事者団体の結成ならびに既存の住民団体への参加促進、国際人種差別撤廃デーに際しての移住女性団体とその他の住民団体の連携（2011 年の第 3 次計画）、「反うわさ戦略」におけるジェンダー平等に関する要素の追加（2015 年の第 4 次計画）などを組み込んできた。
　また、バスク自治州にはバスク語とスペイン語という 2 つの公用語があり、州内でも地域によって言語状況が大きく異なるなか、数十年にわたり、公的機関等はバスク語の復興に向けた努力を重ねている。こうしたなか、2013 年の

「バスク語再興第3次計画」では、新規移住者を対象に、バスク語を学ぶことのメリットを強調する啓発キャンペーンを実施するなどの取り組みが新たに組み込まれた。

（2）取り組みの概要

以下の5つが、ゲチョ市のICC政策の重点領域である。

①受け入れ

ゲチョに到着した移民・難民の受け入れと統合を促進することを目的とする、研修、情報提供、支援の総称である。移住者の滞在をめぐる正規・非正規という行政上の区分にかかわらず展開し、特に脆弱な非正規滞在者の保護に重点を置いている。

まず、「こんにちはゲチョ（Kaixo Getxo）」というホームページを作成し、7言語（バスク語、スペイン語、アラビア語、中国語、ルーマニア語、フランス語、英語）で地域の基本情報を提供している。このガイドは同時に、インターカルチュラリズムの原則を自治体職員や市民に説明するものでもある。

また、2007年から、健康や栄養、料理、ケア、ジェンダーなどをテーマとした、12時間から16時間のモジュールで構成された講習プログラム「ゲチョに住む（Vivir en Getxo）」を実施している。これは当初、移住者の孤立が健康状況に悪影響を及ぼすことに気づいたNGO「国境なき医師団」が実施していたものだった。次第に、メンタルヘルスなど外国出身者の定住に伴う新たな課題が浮上し、大人数でのワークショップよりも、個別の対応が効果的であるとの結論に至ったため、2016年にこの活動は終了した。しかし、活動を通じて移住者の支援団体や当事者団体との関係が強化され、ノウハウがその後の活動へと引き継がれていった。

ほかにも、2006年に始まった「移住女性のためのミーティング・スペース」では、交友関係を広げたい、個人的・社会的スキルを向上させたい、あるいは新しい社会に適応するのが難しいと考えている移住女性を対象に出会いと学びの場を提供する。2009年末からは移住当事者をファシリテーターとし、労働における諸権利や身体のケア、国境を越える子育てや恋愛、家庭内暴力などの

テーマに関する講習を実施している。

　言語に関しては、2007 年から子どものバスク語学習を支援するためサマーキャンプを開始し、そこには参加者のインターカルチュラルな学びを促進するプログラムを組み込んでいる。

　近年は、地中海での庇護申請希望者をめぐる人道危機を逃れた人々への支援も、受け入れ政策の一環として力を入れている。ゲチョ市役所は 2017 年 9 月 15 日にスペイン難民支援協会（CEAR）への協力を表明し、2018 年からはスペイン政府が受け入れた難民の定住を支援する、バスク州政府（人権・共生・国際協力課）によるパイロット・プログラムの実施自治体の 1 つとして、国・州・市および各種団体の協力体制を構築している（表 1）。プロジェクトの対象となる人々の様々なニーズに対応するため、支援には 3 つの段階があり、スペインでの滞在期間や生活の自立度合いを考慮して決定する。実施期間も、脆弱性に応じて 18 カ月または 24 カ月となっている。

表 1．ゲチョにおける難民受け入れ

支援の主体
ゲチョ市役所の責任者
・社会福祉課長
・移民班担当者
スペイン難民支援協会（CEAR）バスク支部
・プログラム・コーディネーター
・ソーシャルワーカー（受け入れの段階ごとに 1 名）
国際平和協力市民団体（PERUALDE）
・ワーキンググループ：15 名
・アラビア語通訳
バスク州雇用サービス局の協力
ゲチョ市役所から派遣されるソーシャルワーカー（1 家族につき 1 名）
支援の内容
市営住宅 2 棟を 4 年間、無償にてスペイン難民支援協会バスク支部に貸与
家賃や生活必需品への配慮に対するスペイン政府からの援助
バスク州政府からの難民個人あての補助金
バスク州政府によるボランティア活動補助金
バスク州政府教育局による成人教育（言語学習）支援協力

図1.「移住女性のためのミーティング・スペース」

②啓発活動

　2005年から毎年、3月21日の「国際人種差別撤廃デー」、6月20日の「国際難民デー」、12月18日の「国際移住者デー」に、映画の上映会や著名人を招いての会議・ワークショップ、演劇、ストリートアクションなど、様々な活動を実施している。特に、国際移住者デーの企画立案は、ゲチョ移民団体連合（④参照）と共同で行っている。

　また、2014年より「ゲチョ反うわさ戦略」を実施し、移民に関する偏見や否定的なステレオタイプへの対抗を試みてきた。これは、2010年にバルセロナ市役所が開始した取り組みをゲチョの文脈に合わせて最適化したものであり、研修・イベント・広報という3つの柱のうち、とりわけ研修の充実に力を入れている。具体的には、以下のような取り組みを継続している。

・「反うわさエージェント（過去に講習を受講した市民）」向け研修：年1回、毎年平均30名参加
・行政職員向け研修：バスク州警察、教育機関、市議会議員らを含む
・その他、新しい知識や説得方法の習得を目的とした実践的な学びの場や、テーマ別の講師を招いてのセミナー（各回平均35～40名参加）
・「反うわさ若者サミット」：異なる都市に住む若者たちが、「うわさ」に対抗するためのビジョンや戦略を考えて共有する場。RECIのネットワークを活用し、毎年夏に、ホスト都市を変えながら合宿を行っている。

図2. 「ゲチョ反うわさ戦略」研修風景

③公共空間

　公共空間のなかでも、特にスポーツの場がICCの3原則を実践する理想的な場であることに、市は注目してきた。

・スポーツ施設へのアクセスと使用機会が完全に平等で、差別や隔離がないこと
・共生を積極的に重視し、多様な背景を持った人々が互いを活かし合う場になること
・スポーツの場が、人間関係と対話の構築、および相互学習の場であること

　そして、市営ファドゥーラ・スポーツセンターの改築にあたり、周囲の公園を含めた新たな公共空間のデザインに多様な住民の意見を取り入れるなどの試みを実施してきた。

④住民参加

　ICCには移住当事者の参画が欠かせないが、ゲチョでは移住者団体の活動が低調であった。それを補うため、ゲチョ市役所ではゲチョ市内にある移住当事者や支援団体（全10団体）の連合体である「ゲチョ移民団体連合（Federación Plataforma Inmigrantes de Getxo）」の創設と継続を支援してきた。これは2014年に公式に活動を開始した住民組織であり、民主的な合議に

図3. ゲチョ移民団体連合

もとづいて活動方針等を定め、市役所による啓発活動などの受託や、それにともなう補助金の受け皿にもなっている。

⑤「インターカルチュラル能力」

ゲチョ市は2003年より「市内の移住者に関する調査局（Observatorio local de inmigración)」を設立し[2]、移住者をめぐる社会経済的実態や、多様性に対する市民の態度を調査して政策に活用してきた。そして、政治家や自治体職員にインターカルチュラリズムに関する研修を行ってきた。市では、2004年に移民班が設立された直後に、マドリード自治大学のカルロス・ヒメネス教授[3]による議員や市長を対象とした講演が行われ、翌2005年より、移民班が自治体職員を対象とした「移民とインターカルチュラリズムに関する研修プログラム」を実施している。2013年からは「ゲチョ反うわさ戦略」の一部として、行政職員を対象とした研修が行われているほか、2017年からは難民・庇護申請者に関するセッションを追加している。

また、大学生・大学院生の研究や論文執筆に必要な情報を積極的に提供してきたほか、移民班の担当者がスペイン国内外の学会において実務家として発表する機会も得てきた。

（3）都市間ネットワーク

ゲチョ市は、2009年にバルセロナで開催されたフンペウ・ファブラ大学のリカール・サパタ＝バレロ教授による準備会議の段階からスペイン国内ネット

ワーク（RECI）に関わってきた。2011年10月にはゲチョ市で専門家フォーラムを実施し、翌2012年には市役所の全体会議を実施し、ICC の理念を具体化するために以下の原則を定めた。

・ゲチョ市の状況に適した進度で政策を展開する
・市町村と州の連携をめぐる課題を認識する
・市民社会の取り組みを尊重する
・インターカルチュラリズムの視点を、政策提案をする際に満たすべき基準に盛り込む
・インターカルチュラリズムの推進に向けて多様なアプローチがあることや、この理念を脅威と捉えたり、導入に抵抗する人々がいることも理解する
・ICC 戦略の中に、ジェンダー視点に関連する具体的な施策を盛り込む
・差別に対抗するための優良実践を模索する
・移民統合に関する指標の策定を課題とする
・教育分野での取り組みを積極化する

そして同年に RECI の第1回会議をゲチョで開催して以来、英国ロンドン・ルイシャム区などへの視察と報告書作成、ICC 指数を参照した取り組みづくり、「反うわさ戦略」などテーマ別の会合やプロジェクトなどに参加・貢献してきた。RECI に参加したことで、移住者の起業支援に関する欧州評議会のプロジェクト（DELI）などに参加できたほか、「反うわさ戦略」の実施にも他都市の知見を役立てることができた。

（4）おわりに

ゲチョ市役所移民班が発足してからの15年間で、移住をめぐるスペイン国内および国際的な状況は大きく変化した。しかし、2004年の最初の研修でカルロス・ヒメネス教授が強調した、「移住者はここに居続ける」という事実に変わりはない。外国にルーツを持つ人々や家族の数には一定の変動があるものの、移住とそれに伴うあらゆる文化的多様性は、私たちの社会の一部であり続けている。そして、ゲチョ市は強力な政治的リーダーシップを強みとしながら、

図 4. RECI の会合

ICC 政策を発展させてきた。

　しかしヨーロッパ全体をみると、移民排斥的な言説が広がり、最近ではスペインもその例外ではなくなっている。こうした世界的な変化の中で、外国人嫌いの態度や差別行動の原因となるステレオタイプや偏見と戦い、それを変えていくための基本的な手段として、「ゲチョ反うわさ戦略」のような地域ぐるみの活動がますます重要になっている。こうした取り組みを積み重ねれば、文化的多様性は受け入れ側の社会にとって利点をもたらすものとなりうることを市民に理解してもらう必要がある。

　また最近では、戦争、政治・経済的混乱、基本的人権の侵害などの危機的状況を背景に、庇護申請者の数も大幅に増加している。かれらへの対応には、長年にわたって培われてきた新規移住者（移民）受け入れの制度を大切にしつつ、難民特有の事情に合わせて再強化することが求められる。

　こうした受け入れの改善の鍵となるのは、ICC 政策に関連する自治体内の様々な組織や、移住者団体の意見である。当初は脆弱だった移民団体連合も、今日では地域におけるインターカルチュラルな視点を強化する重要なアクターかつ住民全体へのメッセンジャーとなっている。

　そして、部局の垣根を横断するうえでは、専門性の高い移民班の担当者の働きが重要であったことを強調する必要がある。その一方で、RECI をはじめとする国内外の様々なネットワークもまた、政策のモデルや枠組みを提供してきた。また、住民全体に政策を認知してもらう上では、SNS などを積極活用し

た広報も欠かせない。

　教育分野などでの取り組みの促進など新たな課題も浮上しているが、最近行われたゲチョ市議会選挙では主要政党のすべてがインターカルチュラリズムや多様性に関するなんらかの取り組みを公約に掲げるようになるなど、以前よりもICC政策が定着していることは明らかである。15年前に始まったゲチョの挑戦は、未来に向かって続いてゆく。

注

1)（訳者注）ビルバオ市を拠点に活動する文化人類学者のアンドレア・ルイス・バルソラ氏を市役所が半年間有期雇用して、引き継ぎ書類を作成した。ラテンアメリカなどで、開発協力プロジェクトを持続的なものにするために用いられる「システム化（sistematización）」という手法を用いている。一般的な引き継ぎ書類のイメージとは異なり、本文書では、移民班の過去の取り組みをすべて時系列上に整理・記録し、担当職員のみならず他部局の関係者や住民などにも半構造化インタビュー（グループ・ディスカッションを含む）を実施して振り返っている。同時に、市役所の報告書、市の条例、統計資料、新聞報道なども分析している。なお、この文書における政策評価には、ICC指数を組み込んである。こうした立体的な記述により、ゲチョのような中小規模の自治体がいかにICC政策を立ち上げたのか、また同市が2011年から加盟するスペイン国内ネットワーク（RECI）の役割の一端を覗くことができる。著者のルイス・バルソラ氏ならびにゲチョ市役所社会福祉課長のミケル・ケレチェア・コルタバリア氏のご厚意により、ここでは第3章「ICC政策の概要」および結論部の一部をダイジェスト翻訳させていただいた。

2)（訳者注）バスク大学などの研究者と協力して運営されており、住民登録の統計情報をもとに年1回外国籍者の人口動態や社会経済状況に関する報告書を発行するほか、「反うわさ戦略」策定のために必要な質的調査なども実施してきた。

3)（訳者注）スペインのインターカルチュラリズムをめぐる議論・実践を牽引してきた社会人類学者。

第6章
バララット市のインターカルチュラル・シティ・ビジョン

フランセス・サレンガ

（翻訳：山脇）

オーストラリア初のインターカルチュラル・シティであるバララットは、ワダワラング・カントリーにある。地元のワダワラング族をはじめとするアボリジニやトレス海峡諸島の人々は、6万5千年以上も前から続く長く豊かな歴史を持っている。バララット市は、この歴史を持つ国と強い精神的なつながりがあることを認識し、土地や水路、文化的慣習、芸術を誇りを持って支持し、承認している。アボリジニの文化や歴史については、まだまだ学ぶべきことがたくさんある。そのため、バララット市は、アボリジニやトレス海峡諸島民のコミュニティと共に、和解の精神で歩んでいる。

1850年代にバララットで金が発見されたことで、金を求めて様々な国籍の人々が流入し、バララットはインターカルチュラルな街となった。今日、この街は飛躍的に成長し、様々な国の人々で構成されている。バララットのインターカルチュラル・シティ戦略プラン2018〜2021の策定は、市がコミュニティと協力して積極的な役割を果たしたことにより成功し、協力的で包括的なパートナーシップを促進する道を開いた。そして、「共同のインパクトを達成するための共同のアプローチ」を目指し、市のステークホルダーやコミュニティを広く協議に招き、その現実的な要求に即した戦略的行動を実施してきた。

（１）インターカルチュラル・シティ戦略プラン（2018 〜 2021）

　バララット市の戦略計画は「生きた」文書であり、4つの重点分野に焦点を当てたアクションを提供することを目的としている。この計画は、バララット市のカウンシルプラン 2017 〜 2021 に沿ったもので、現在と将来における住みやすさと繁栄、持続可能性、説明責任などの側面の改善を目的としている。この計画は、コミュニティ・ウェルビーイング局の包括的で、歓迎され、安全で、健康的で、環境的に持続可能で、革新的で、サービスの行き届いたコミュニティという目標に基づいている。インターカルチュラル・シティ戦略プランは、以下の4つの重点分野で構成されている。

①レスポンシブ・サービス

　第一の重点分野は「レスポンシブ・サービス」、すなわち、文化的、言語的、宗教的に多様な人々や新しく到着したコミュニティに対して、アクセスしやすいサービスやプログラムを提供することである。和解アクションプランの展開は、市のサービス提供のコミットメントの中核であり、アボリジニとトレス海峡諸島の人々とそのコミュニティを尊重するという市の声明にも示されている。さらに、バララット図書館サービスのインターカルチュラル情報デスクが、技術的、教育的サポートと、移民コミュニティが利用できる数多くのサービスに関する情報を提供するために設立された。

　また、コミュニティの重要な日付やイベントを示す年間カレンダー "All of Us" や、多様なコミュニティに関する一般的な情報を提供する "Intercultural Services Directory" など、様々な資料を作成した。コロナ感染症によるロックダウンが行われた 2020 年には、欧州評議会の専門家が進行役を務め、同じくインターカルチュラル・シティであるウクライナのメリトーポリ市とのパートナーシップにより、市役所のスタッフ、機関、企業、コミュニティのメンバーを対象とした一連のインターカルチュラル能力トレーニング／ワークショップが開催された。また、同時期に、メルトン市とマリバーノン市のインターカルチュラル・シティと共同で、アメリカのテネシー州にあるインターナショナル・ストーリーテリング・センター（ISC）がファシリテーターとなり、様々

なパートナーや機関、非営利団体を対象に、一連のストーリーテリング・ワークショップを開催した。これらのワークショップでは、パンデミックの間、各地域の人々がお互いに学び、アイデアを交換し、友情を育んだ。

　レスポンシブ・サービスの重要なプロジェクトとして、インターカルチュラル雇用促進（IEP）プログラムが挙げられる。このプログラムは過去7年間にわたって実施されており、若者、男性、女性、文化的・言語的に多様な（CALD）グループを中心に、不利な立場にあるコミュニティのメンバー120人に支援を提供している。IEPプログラムは、移民の参加を阻む障壁に対処している。移民の女性は、オーストラリア生まれの女性（60%）に比べ、労働力としての参加率が低い（52%）。有益な雇用は、若年層とCALDの両方にとって重要な役割を果たしており、特に定住中に、自信と経済的自立を築くために不可欠である。彼らにとって、社会への帰属意識を高め、自分が生産的なコミュニティの一員としてオーストラリア社会全体に貢献しているという認識を持つことが特に重要である。

　このプログラムでは、1対1とグループでの集中的な活動を通じて、履歴書や応募書類の書き方、面接の受け方、仕事の探し方、雇用主への働きかけなどを学ぶ。参加者の中には、国際的な、あるいは現地で得た職場でのスキルや資格をすでに持っている人もいるため、このプログラムは彼・彼女らが即戦力となるための準備となっている。また、業界のパートナーや教育機関と協力して、参加者のニーズに合わせたトレーニングを提供することで、若者の参加と起業家精神の育成を促進した。現在、包括的なプログラムのマーケティングおよび評価ガイドを作成中である。

　IEPプログラムはこれまでに、有意義な教育、バララットの若者やCALDの人々の起業を含む40の雇用をもたらした。このプログラムでは、個別のトレーニングやメンタリング、適切なトレーニングへのアクセスを提供することで、CALDや若者がオーストラリアの労働市場に参入するための障壁を取り除くことができ、コミュニティやビジネスネットワークの紹介を通じて社会的包摂の向上をもたらした。このプログラムでは、産業界のニーズや地域の雇用機会を具体的に反映した革新的な統合型の職場体験学習プログラムを通じて、企業や学校を支援してきた。また、CALDコミュニティの人たちと一緒に仕

事をする際のニーズについての共通理解を深め、異文化への意識のトレーニングを提供した。

　また、IEPプログラムでは、専門的な資格を持ちながらも孤立し、機会を必要としている若者や移住者に働きかけるコミュニティ・エンゲージメント・プロセスを大幅に導入した。参加者は、英会話クラスなどのトレーニングプログラムへの参加、メンタリング、業界との連携などを通じて、ネットワークの構築、自信の獲得、知識やスキルのアピール、パートタイムまたはフルタイムの雇用の獲得などの機会を得た。全体として、このプログラムは参加者の能力を高め、バララット地域経済に貢献した。

②アクティブ・シティズンシップ

　第二の重点分野は「アクティブ・シティズンシップ」、すなわち、文化的、言語的、宗教的に多様な人々が、他のコミュニティと共に、公共生活に影響を与える権利と責任を行使する機会を創出することである。これは、社会的、文化的、教育的な学習と交流を促進するために、コミュニティと関わり、相談し、一緒に取り組みを進めることに関連している。マイグラント・ウェルカム・ティーを催したり、インターカルチュラルな交流やインターアクションのためのスペースや環境を用意している。例えば、バララットの多様な信仰を持った人々がそれぞれの信仰や実践を分かち合うワールド・インターフェイス・デイの開催、スラム・ポエトリーによるワールド・ピース・デイの開催、チルドレン・ストーリー・タイムズの配布や物語の読み聞かせの開催である。バララット図書館で毎月開催されるグローバル・カフェでは、参加者が毎月1つの言語を学び、同じ考えを持つ人々と交流している。

　バララット市は、バララット宗教間ネットワーク（BIN）を支援している。様々な宗教団体に属する人々で構成されるこのグループの存在は、コミュニティ間の文化的調和と尊重をもたらしている。市は定期的に宗教指導者と対話し、イード、世界信仰の日、国際対話と調和の日など、宗教上の重要なイベントや祝典を記念する際に、彼・彼女らの活動を紹介している。3月の文化多様性週間では、BINは通常、信仰の実践を共有し、他の人々の生活に変化をもたらす親切な行為を反映させ、それを示すことに焦点を当てたイベントを推進

している。

③リーダーシップとアドボカシー

　第三の重点分野は「リーダーシップとアドボカシー」、すなわち、文化的、言語的、宗教的に多様な人々や他の住民と共に、コミュニティの特定のニーズに対応するための解決策を見出すことである。中でも、インターカルチュラル・アンバサダー・プログラムは、11 年前の 2011 年から実施されており、これまでに 50 人のコミュニティ・リーダーを養成し、支援してきた。インターカルチュラル・アンバサダーは、アボリジニやトレス海峡諸島民のコミュニティを含む様々な文化的コミュニティの代表者から募集される。

　最近のコロナ感染症によるロックダウンの際には、アンバサダーは他の組織やグループと協力して、バララットのエスニック・コミュニティ、高齢者、取り残された留学生、孤立している人々などに、食料品や必要な医療保護用品を提供した。

　アンバサダーは、展示会や移民歓迎夕食会などのイベントを企画したり、市の外国人ゲストを受け入れたり、様々な多文化グループの重要なナショナルデーを祝うのをサポートしたり、新しい移民コミュニティのメンバーのメンターを務めたり、サポートしたり、学校を訪問して自分たちの国や言語、文化について話したりしている。また、現在のアンバサダーは、インドなどコロナ

図 1. 勢ぞろいしたインターカルチュラル・アンバサダー

感染症の被害を受けた国への募金活動にも従事している。

　市は、様々な国際ネットワークの会員であることを誇りに思っている。バララットはオーストラリア初のインターカルチュラル・シティであり、2017年からインターカルチュラル・シティ・プログラムのメンバーになっている。2021年6月には、バララットはウェルカミングシティーズ・ネットワークへの参加も申し込んでいる。地方レベルでは、ベストプラクティスのプログラムモデルやアドボカシーの交換を通じて、ビクトリア州地方自治体多文化問題ネットワーク（VLGMIN）への支援を拡大している。難民や庇護申請者への支援は、他の地方自治体の難民歓迎ゾーンや市長の難民・庇護申請者タスクフォースに参加することでさらに強化された。

　1988年8月から30年以上続いている兵庫県猪名川町との姉妹都市関係や、東ティモールのアイナロ県、中国の南京市、昆山省、江津市、揚州市、英国のピーターボロー市との友好都市協定など、同盟国との関係を維持することは、議会の運営や、これらの関係から社会的、政治的、経済的な利益を得ている地域社会にとって貴重な機能となっている。

④多様性の最大化と承認

　第四の重点分野は「多様性の最大化と承認」、すなわち、インターカルチュラル・シティとしてのバララットの「多様性の利点」を祝福することである。この分野では、アボリジニやトレス海峡諸島民のコミュニティ、新規および既存の移民コミュニティの様々な貢献を認めるために、人々が一堂に会することに重点を置いている。市では、1月26日の「サバイバル・デー・ドーン・セレモニー」などのイベントを支援している。

　全国和解週間は、すべての人に共通の歴史、文化、業績について学び、アボリジニとトレス海峡諸島民との和解を達成するためにそれぞれがどのように貢献できるかを探るよう呼びかけ、市の認識とコミットメントを強調する時期である。NAIDOCウィークは、理解を促進し、様々なコミュニティで広く共有されているアボリジニとトレス海峡諸島民の文化、伝統、価値観を祝うために行われる。

　バララット市は難民歓迎地帯として、毎年6月に難民週間を開催し、現在バ

ララット市に滞在している難民や庇護申請者の体験談をコミュニティに伝えている。

　文化的多様性週間は、毎年３月に２週間にわたって行われ、ハーモニー・フェストの開催を通じて、バララット市が11年前から推進している。様々なイベントは、文化的認識、交流やコミュニケーションを通じた理解、仕事、そしてお互いに学び合うことを促進する。ハーモニー・フェストには、バララット市内外のコミュニティから、例年約9,000人の参加者が集まり、年々参加者が増えている。

（２）戦略的課題

　現在の戦略計画の推進にあたって、既存および新規の移住者、アボリジニやトレス海峡諸島民のコミュニティが経験する人種差別などの課題が生じている。この問題には、市役所職員を対象とした異文化への意識・感受性のトレーニングの実施や、そうしたトレーニングのコミュニティやビジネスへの拡大を通じて対処している。

　移民の中には、オーストラリア社会、特に職場への統合を容易にするために、英語学習クラスを必要とする人もいる。そうした学習をサポートするために、バララット図書館が様々な英語の教材を提供している。また、インターカルチュラル・インフォメーション・デスクでは、ビザやその他の定着のためのサービスに関する問い合わせに対応し、情報を提供すると共に、サポートを提供できる可能性のある他の政府機関やコミュニティ組織を紹介している。

　IEP プログラムは、参加者が過去に取得した資格の認証に関するプロセスを支援している。この問題は、オーストラリアの教育に関する基準が他の国と著しく異なるために、よくあることである。もう１つの共通の課題は、オーストラリアの生活様式や安全対策に関する方針を十分に理解していないことである。IEP プログラムでは、移民のために特別にデザインされた様々なトレーニングプログラムを提供することで、これらの課題を解決してきた。

　最も重要なことは、異文化への意識や理解、異文化間の対話、多様なコミュニティとバララットの社会とのインターアクションを促進することが引き続き必要であるということである。移民の包摂と統合は、意味のある関与、様々な

イベントや祝賀行事の実施における協力、そしてより多くの雇用機会の創出によって可能となる。

　現在のコロナ禍において、技術的なシステムを操作する知識が不足しているため、移民が最新の感染対策情報にアクセスしたり、オンラインの医療相談や会議、学習の機会に参加することは困難である。バララット図書館は積極的にコンピューター活用コースを提供しており、必要な人にはコンピューターやiPad を貸し出している。

（3）おわりに

　2022 年には、新しい「インターカルチュラル・シティ戦略プラン」が策定される予定である。2022 年の第 1 四半期には、コミュニティとの相談を開始する。現在の戦略を進化させ、前回の計画から得た教訓、社会的包摂や統合に対応する最新の概念的枠組みの導入、バララット市の多様性の利点をより強くアピールすることを予定している。

第7章
韓国とインターカルチュラル・シティ

オ・ジョンウン

（翻訳：山脇・上野）

（1）全国多文化都市協議会

　韓国からインターカルチュラル・シティ・プログラム（ICC）に加盟する都市が登場したのは、2020年のことである。同年2月に安山市、8月にはソウル特別市九老区がそれぞれ137番目、141番目のインターカルチュラル・シティとなった。この2都市は、インターカルチュラル・シティに加盟する以前より、韓国国内の「全国多文化都市協議会」の加盟都市として活発に活動してきたという共通点を有する。安山市は全国多文化都市協議会の初代・第2代会長都市、九老区は第3・第4代会長都市として活動し、全国多文化都市協議会の発展に貢献してきた。

　現在も、この2都市は全国多文化都市協議会の活動に積極的に参加している。ICC加盟後は、他の全国多文化都市協議会の会員都市にICC加盟の経験や関連情報を提供している。今後、この2都市に続くICC加盟都市が韓国で誕生するとすれば、それは全国多文化都市協議会の会員の中から出る可能性が高い。このような点で、韓国のインターカルチュラル・シティは全国多文化都市協議会と密接に結びついている。韓国の各都市における全国多文化都市協議会の活動は、インターカルチュラル・シティ加盟の準備作業になったと言える。したがって、韓国都市のICCへの参加を説明するためには、まず全国多文化都市協議会の説明をするのが適切だろう。

　韓国の全国多文化都市協議会は、大韓民国地方自治法152条に基づき、外国人住民が1万人以上の地方自治体が多文化政策を共有し、発展的な多文化社会をつくっていくことを目的に結成された。2012年3月22日、全国大都市協議

会において全国多文化都市協議会の結成が提案され、同年 5 月 1 日、協議会設立推進計画（案）が策定された。協議会の設立過程では、当時の大韓民国で最も外国人住民数が多く、都市レベルで積極的に多文化関連事業を展開・推進してきた安山市が主導的な役割を果たした。安山市は、2012 年 5 月 11 日に市長名義で全国多文化都市協議会への参加を求める書簡を対象都市に送り、6 月 1 日には協議会構成のための実務会議を開催した。こうして、全国 23 都市が全国多文化都市協議会への参加を申し込んだ。当時、申請都市はソウル特別市傘下の 5 区（西大門区、鍾路区、城東区、江西区、九老区）、仁川広域市傘下の 1 区（南洞区）、京畿道の 14 市（安山市、水原市、華城市、城南市、富川市、始興市、龍仁市、高陽市、金浦市、抱川市、光州市、安養市、南楊州市、平沢市）、忠清南道 2 市（天安市、牙山市）、慶尚南道 1 市（金海市）だった。その後、光州広域市光山区が合流し、2012 年 11 月 7 日、安山市で 24 都市が創立会員として参加する「全国多文化都市協議会」の発足式が開かれ、公式に協議会活動が始まった。

　2021 年 8 月現在、多文化都市協議会にはソウル特別市の永登浦区と衿川区、全羅北道益山市が加わって計 27 の会員都市が参加している。協議会は毎年実務協議会および定期会議を開催し、韓国の多文化社会発展のための政策を審議しながら、地方自治体レベルでの韓国人住民と外国人住民の社会統合を図ってきた。翌 2013 年 10 月には、安山市、欧州評議会、日本国際交流基金と協力して韓国・欧州・日本多文化国際シンポジウムを開催し、外国の都市の移民社会統合政策の経験を共有し、国際的な協力方案について話し合った。当時、欧州側の主催者であった欧州評議会を通じて、欧州の都市を中心に運営される ICC が、多文化都市協議会の会員に紹介された。

　それ以前にも、多文化都市協議会の一部のメンバーは、ICC について知っていた。 2012 年 1 月に東京で、そして 2012 年 10 月に浜松で ICC サミットが開催された際、韓国の都市も参加して韓国の事例を紹介し、ICC の経験について学んだ。しかし、当時の会議に参加していなかった韓国の都市は、ICC についてよく知らなかった。 2013 年 10 月に安山で開催された国際会議をきっかけに、全国多文化都市協議会のメンバーが ICC プログラムを詳しく知ることとなり、関心を持つようになった。

その後も、全国多文化都市協議会は多数の国外政策研修、専門家招請政策フォーラムなどを開催し、国内都市間の協力を越え、外国都市との交流を通じて韓国都市の社会統合政策の発展を模索してきた。協議会の運営費用は参加都市の会費と会長都市の寄付金で充てられた。

　全国多文化都市協議会は加盟都市がお互いの経験とアイデアを共有し、都市レベルでできる望ましい社会統合政策を立てる場の役割を果たした。しかし、特定の事業を評価する客観的な基準や、都市の政策を総合的に評価する指標は設けられていないため、協議会の活動を通じて個別の都市がどれだけ発展したのか客観的に立証することは困難であった。韓国の地方自治体は選挙を通じて自治体首長を選抜するが、客観的な指標がないため、1つの都市で自治体首長の指示の下で長年進めてきた事業が、選挙後に新しく当選した自治体首長が不必要な事業だと認識して中断される場合も少なくなかった。したがって、2020年に安山市と九老区がインターカルチュラル・シティに加盟した際、全国多文化都市協議会の会員都市は、国際社会で通用するICCの指標を通じて個別都市のプログラムが客観的に評価され、都市政策全般に対する具体的な数値として個別都市の強みと弱みが確認されるという事実に注目し、多くの関心を示した。

（2）安山市のインターカルチュラル・シティへの加盟

①安山市加盟の背景

　安山市は韓国で最も外国人住民数の多い地方自治体であり、韓国の多文化政策を象徴する都市である。韓国では2006年から中央政府の主導の下、公式に多文化政策と名付けた韓国人住民と外国人住民の社会統合政策を展開してきたが、安山市はすでにそれ以前から社会統合のために様々な努力を傾けてきた。

　安山市では1990年代初めから外国人の流入が急増した。韓国は1980年代末から3D業種と呼ばれる単純労務職従事者の求人難が深刻化し、政府がこれを解消するために1990年代初めに産業研修生制度を導入した。この制度は開発途上国の外国人が研修生の資格で国内の産業現場で働くようになっている。安山市には半月工団と始華工団という大規模な工業団地があり、地域の工場に深刻な人手不足があったが、産業研修生制度が導入されると外国人労働力を積極

的に受け入れていた。安山市檀園区元谷洞は賃貸料など住居費用が安いという理由で近くの工場に勤める外国人の居住が急速に増加した。その後、外国人を主な顧客として営業する商店とサービス業が増加し、労働者以外にも様々なタイプの外国人居住者数が増加した。2019年末で安山の外国人住民は105カ国87,696人である。この数は全人口の11.9%を占めるもので、国内の地方自治体のうち外国人住民の数が最も多い地域であることを意味する。

　外国人住民が急増すると、安山市は外国人住民のための施策の必要性を感じ、外国人住民のためのサービスを増やし、地域発展を図るための事業を開始した。2005年には韓国で初めて外国人勤労者支援センターを設立、運営を開始した。最初は外国人集住地であることから貧困や犯罪のような否定的なイメージが形成されたが、否定的なイメージを改善し、むしろ外部からの観光客誘致を通じて地域経済を活性化させる目的で、「安山市多文化村特区事業」を計画・推進すると共に雰囲気が変わった。

　安山市の多文化村特区事業は、公式に2007年から行われてきた。2007年から2013年まで計186億ウォンの事業費（国費2億ウォン、道費72億ウォン、市費107億ウォン、民間資本5億ウォン）を投資し、外国人住民センターの運営活性化、安山駅公共交通乗り換えセンターの構築、看板が美しい街の特性化などの多文化インフラ構築事業、国際多文化シンポジウムの開催など、多文化意識の育成事業、多文化に特化した街づくり、飲食店の特化、世界伝統民俗祭りの開催など、多文化ブランドの特化事業を展開した。2009年5月に知識経済部から元谷洞が多文化村特区に指定され、市レベルの移民者社会統合政策にさらに弾みがついた。

　安山市の多文化特区事業は、2013年に終了した後、2018年まで（事業費260億8千万ウォン）、さらに2019年から2023年まで（事業費416億8千万ウォン）へと5年ずつ延長され、現在も進められているところである。現行の特化事業は、外国人住民支援本部の運営活性化、特化教育プログラムの運営、世界文化体験館の運営、外国系飲食店の特化、高麗人文化センターの運営などを主な内容とする。

　安山市は外国人住民集住地域であることを地域発展のために積極的に活用している。2009年に多文化特区に指定された元谷洞を世界各国の様々な料理が

味わえる多文化料理通りとして造成し、海外に出なくても各国の伝統料理が楽しめる場所として積極的に広報した。ここは全国に住む外国人が母国の料理を楽しみながら人と会う場所として有名になり、休日には全国の外国人が集まる。韓国人もユニークな外国料理を味わうために多く訪れる。

　元谷洞が多文化特区に指定され、街並みも徐々に変わった。「外国人のための外国人住民センター」が設置され、ウリ銀行やハナ銀行のように漢字では使えない銀行名も漢字に替え、看板を掲げた。通りには韓国語より外国語の看板が多く、通りの人もほとんど外国人である。元谷本洞住民センターの隣にある外国人住民センターには、世界各国の方角とそこまでの距離を知らせる表示板も設置されている。

　多文化性を地域発展の資産として活用してきた安山市は、インターカルチュラル・シティに関心を持つようになった。安山市のICCへの加盟は、2018年7月に業務を開始した安山市民選7期市長の主要公約の1つである「UN国際青年多文化都市推進」の一環として行われた。安山市は、2019年末からはインターカルチュラル・シティに加盟するために市レベルのタスクフォースをつくり、インターカルチュラル・シティ会員都市に選定されるために尽力してきた。

　2020年2月、安山市が公式に137番目のICC加盟都市となったことが発表されると、韓国都市の初参加という点で国内外のマスコミが高い関心を示した。しかし、従来の安山市の移民社会統合政策の経験とそれによって形成された関連インフラがあったという点で、安山市のICC加盟はそれほど驚くべきことではない。

②安山市のインターカルチュラル・シティとしての評価

　欧州評議会は、優れたインターカルチュラル・シティを広報し、加盟都市間で経験を共有するため、加盟都市を対象に12の指標、86の項目で構成されたICC指数を用いている。2020年2月に加盟した直後、安山市は人口50万人以上、外国人住民の割合10〜15%に該当する都市として評価された。その結果が2020年8月27日に発表されたが、安山は総合平均80点で人口50万人以上の都市26のうち4位を占めた。ノルウェーのオスロ、デンマークのコペン

ハーゲン、アイルランドのダブリンに次ぐ順位で、非欧州都市の中で最も高い
成績だった。また、これは外国人住民の割合が 10 ～ 15% に該当する 35 都市
のうちでも、オスロ、オーストラリアのバララット、コペンハーゲンに次いで
4 番目に高い評価となった。

　安山市が高い評価を受けたのは、企業と労働市場（business & labor
market）、メディアとコミュニケーション（Media and Communication）、イ
ンターアクション（interaction）、教育制度（education system）、近隣
共同体（neighborhoods）、公共サービス（public services）、国際的展望
（international outlook）、差別禁止（anti-discrimination）だった。特に、企業
と労働市場、メディアとコミュニケーション、インターアクションの 3 つの指
標では 100 点満点を獲得した。

　一方、コミットメント（commitment）、市民参加（participation）、公共空
間（public space）、言語（language）などの指標では相対的に低い評価を受け
た。特に、コミットメントでは 58 点で、50 万人以上の都市 26 カ所の平均 69
点より低かった。

　安山市は ICC 指数の分析結果をもとに、関連機関と協力して安山型イン
ターカルチュラル・シティ中長期発展戦略を策定し、インターカルチュラルな
理解に向けた特別講演などの追加策を講じながら、模範的なインターカルチュ
ラル・シティとして発展するための努力を続けている。

（3）九老区のインターカルチュラル・シティへの加盟

①九老区加盟の背景

　安山市がインターカルチュラル・シティに関心を持って加盟を準備していた
頃、九老区もインターカルチュラル・シティへの加盟を検討し始めた。そして
2019 年 11 月、全国多文化都市協議会が主催した多文化政策フォーラムで、九
老区のイ・ソン区長がインターカルチュラル・シティのビジョンを発表し、九
老区の ICC 加盟準備が本格化した。2020 年 1 月に欧州評議会の ICC 担当者ら
と業務協議を開始し、2020 年 2 月には専門家会議を開いて ICC についての研
究を実施した。続いて 3 月には区役所の多文化政策課と区政研究班が中心に
なって ICC 指数を分析し、九老区加盟の書類作成を始めた。また、4 月には九

老区インターカルチュラル・シティ推進計画を策定した。5月からはICC加盟書類の翻訳に入り、2020年7月にインターカルチュラル・シティ加盟を申請した。

　九老区の申請書に対しては欧州評議会から肯定的な回答が寄せられ、2020年8月に九老区は141番目のインターカルチュラル・シティとなった。公式な加盟都市になってからも、九老区のインターカルチュラル・シティ発展の努力は続けられた。2020年9月にはオーストラリア‐アジア（Australasia）インターカルチュラル・シティ・ネットワークに加盟し、オンライン・フォーラムなどに参加した。また、2020年10月14日には九老区長、九老区議会議長、生活福祉局長、韓国人住民代表と外国人住民代表などが集まり、九老区インターカルチュラル・シティ加盟を記念する式典を開催し、九老区のICC加盟と今後の活動について国内外にアピールした。

図1. 九老区インターカルチュラル・シティ加盟の記念式典
（2020年10月14日、写真提供：九老区）

②九老区のインターカルチュラル・シティとしての評価

　九老区もインターカルチュラル・シティの加盟直後に、ICC 指数による評価を受けた。九老区は人口 20 万～ 50 万、外国人住民人口 10 ～ 15% の都市グループに属した。2020 年 11 月に発表された評価では、九老区は合計平均87 点を受けたが、この点数は人口 20 万～ 50 万人の 27 都市の中でも、外国人住民人口の 10 ～ 15% の 37 都市の中でも 1 位であった。特に企業と労働市場、文化·社会生活、マスコミ・広報、リーダーシップ・市民権、反差別、インターアクションなど 7 項目では満点である。その他にも政策公約（95 点）、教育（95 点）、国際的観点（92 点）、転入者支援（92 点）の高い評価を受けた。

　九老区は ICC 指数で加盟都市の平均より低い点数を記録した領域はなかった。ただし、言語部分が評点 47 点で、人口 20 万～ 50 万人都市 27 の平均値である 46 点とほぼ同じ水準だった。ICC では、様々な言語使用者が公共の場や文化イベントにおいて母国語で自己表現する機会を提供したり、コミュニケーションを取ることを奨励し、都市で使われるすべての言語の価値を高めることを目標としている。それに対して九老区では、公共の場で外国人住民も韓国語でコミュニケーションをとることを原則としている。今後、九老区で外国語教育を奨励し、多言語を用いた国際イベントを多く開催する必要がある。

　九老区は ICC 内での高評価に満足せず、引き続き模範的なインターカルチュラル・シティとして発展するために努力している。2021 年 4 月には従来の多文化政策課をインターカルチュラル政策課に改編し、市民参加行事である多文化サポーターズ事業の名称もインターカルチュラル・サポーターズに変更した。その他、一般市民および九老区公務員を対象に、インターカルチュラル・シティに必要なインターカルチュラル・リーダー養成教育を提供し、九老区の構成員が九老型インターカルチュラル・シティの発展に参加するよう誘導している。

（4）韓国における ICC の展望

　安山市と九老区がインターカルチュラル・シティに加盟して以降、韓国の都市の間でインターカルチュラル・シティに対する関心が高まっている。最初は外国の都市と外国語でコミュニケーションを取りながら協力するという事実に

負担を感じる雰囲気が強かったが、安山市と九老区がインターカルチュラル・シティ評価で高い成績を収めたことが韓国の都市のチャレンジ精神を刺激した。現在、韓国の一部の都市はインターカルチュラル・シティ加盟の可能性を打診するだけでなく、公の場でインターカルチュラル・シティへの転換を宣言までしている。

　韓国の都市がICCに魅力を感じる理由は、大きく３つに分けられる。第一に、国際的に認知された指標を適用し、自分の都市が保有する強みと弱みを客観的に診断することができる。第二に、韓国より先に外国人住民を受け入れ、社会統合および多様性を活用した地域発展戦略を実践してきた移民先進国における都市の経験を学ぶことができる。第三に、ネットワークを通じて国際社会に自らの都市を積極的にPRできる。

　それにもかかわらず、韓国の多くの都市が今後１〜２年程度の短い期間に一気にICC加盟都市になりそうにはない。その理由は大きく２つである。

　第一に、インターカルチュラル・シティ加盟のためには、大多数の都市は組織改編が先行されなければならない状況である。現在、韓国の大多数の地方自治体が外国人住民関連業務を国際協力と関係のない女性、家族、または福祉関連部署で担当している。韓国が2006年、多文化政策という名称で政府レベルの社会統合政策を展開した当時、大多数の地方自治体は外国人住民の中で社会統合が最も切実な対象が韓国人と結婚した結婚移民者と考え、新しく始まる外国人関連業務を主に女性家族、女性福祉、または家族福祉という名称の部署が担当した。社会統合業務が結婚移民者を越えて外国人労働者、留学生、専門人材、難民など多様なタイプの外国人住民にまで拡大されても、外国人住民関連業務は引き続き女性、家族、福祉関連担当部署がチームを拡大する方式で遂行した。ところで、ICC加盟は外国機関との協力という点で、国際事業関連業務遂行経験のある職員の参加が切実だ。安山市と九老区は、インターカルチュラル・シティに加盟する前に女性、家族、福祉部署を越えて社会統合業務を担当する部署を設け、国際化関連職員が参加する組織形態を設けた。しかし、これは例外的なケースに該当し、ほとんどの韓国の都市は依然として女性、家族、福祉関連部署が外国人業務を担当しているため、インターカルチュラル・シティ加盟のために国際協力専門職員が参加できるような組織改編が優先されな

ければならない。したがって、インターカルチュラル・シティの加盟にやや時間がかかるかもしれない。

　第二に、大多数の都市は「多文化」と「インターカルチュラル」を混同している。今日、欧州で多文化主義とインターカルチュラリズムは明確に区分される概念だ。多文化政策とインターカルチュラル政策の意味も異なり、前者は否定的な意味で、後者は肯定的な意味で使われる。しかし、韓国では多様性を認める多文化政策という概念の中に、インターカルチュラリズムの哲学に基づいた一般国民と外国人との交流増進の追求という意味も含めて使われてきた。韓国で使われている多文化主義の概念は、欧州とは異なり、多文化主義とインターカルチュラリズムを融合させた包括的な意味合いを持っている。韓国ではインターカルチュラリズムという用語をあまり使わないが、あえて区分するならインターカルチュラリズムは多文化主義に含まれる概念だ。これは、韓国で多文化主義という用語を間違って理解したためではなく、北米、日本、オセアニアなど多くの地域で多文化主義とインターカルチュラリズムを区別せず、多文化主義という用語を包括的概念として使用する例に従ったものだ。インターカルチュラル・シティへの加盟を推進する過程で、利害関係者の間で多文化主義とインターカルチュラリズムの間の明確な概念確立が必要だという意見が出て、これを整理するのに時間がかかることも考えられる。

　総じて韓国の都市ではインターカルチュラル・シティへの関心が高く、加盟を希望し準備している。しかし、事前に環境を整え、加盟するために時間を要するだろう。したがって、急に会員都市数が大きく増加することはなく、時間をかけて漸進的に参加都市数が増加することが予想される。

参考文献

ソ・ジョンゴン（2021）「九老区インターカルチュラル・シティを発展させる方法」九老区役所．［韓国語］

ソン・チャンシク（2021）「安山市のインターカルチュラル・シティ対応戦略——欧州評議会 ICC 指標分析を中心に」安山環境財団イシューブリーフ．［韓国語］

オ・ジョンウン（2020）「韓国の地方自治体のインターカルチュラル・シティ・プログラム参加研究」『韓国移民政策学会報』3 (1): 49-65.［韓国語］

Council of Europe (2020) *Ansan City ICC Index Analysis 2020.*

Council of Europe (2020) *Guro ICC Index Analysis 2020.*

ホームページ
欧州評議会インターカルチュラル・シティ（www.coe.int/en/web/interculturalcities/）
安山市庁（www.ansan.go.kr）
九老区役所（www.guro.go.kr）

第Ⅲ部

国内都市のガバナンス

第8章
浜松市の取り組み

浜松市企画調整部国際課

（1）浜松市の概況

　浜松市は、東京と大阪のほぼ中間に位置し、人口約80万人、面積1,558k㎡を有する政令指定都市である。スズキ、ホンダ、ヤマハ、カワイ、浜松ホトニクスなど、日本を代表し世界市場で活動する輸送用機器や楽器、光・電子技術などの国際企業が集積するものづくりのまちであり、こうした活発な産業経済活動のもと、多様な文化的背景を持つ多くの外国人市民が生活していることが特徴の一つとなっている。市内には現在2万5千人（全体の約3%）の外国人市民が在住しており、特に、ブラジル人は約9千人と、全国の都市で最も多く、国内で3番目のブラジル総領事館が開設されている。国籍・地域別の割合ではブラジル、ペルーなどの南米系出身者が4割を占めているのが特徴であるが、近年はフィリピンやベトナムなどのアジア系出身者が増加し、多国籍化が進んでいる。一方、在留資格別では永住者や定住者等の長期滞在が可能な在留資格の割合が7割を超え、定住化は一層進展している状況である。

　これは、1990年の出入国管理および難民認定法の改正施行を機に増加したもので、1980年代後半からの景気拡大で製造業を中心に労働力不足が深刻となる中、就労制限のない「定住者」としての来日が可能となった南米日系人が製造業集積地域である本市において急増した。地域で多くの外国人市民が長期にわたる生活を始めると言語や生活習慣などの違いから生じる様々な摩擦や課題が顕在化することとなる。本市は受け入れ自治体としての本格的な対応を迫られた。

　こうした外国人市民の急増を受け、本市では1991年に企画部（現企画調

整部）内に国際交流室を設置し、国際化施策の担当部署とした。また、翌年1992年4月には、施策推進の拠点施設として、浜松市国際交流センター（現浜松市多文化共生センター）を開設した。同センターでは、主要事業として、在住外国人に対する多言語による生活相談や情報提供、日本語教室を実施し、その運営を浜松国際交流協会が担ってきた。なお、市の国際交流室はその後、国際室（1999年）を経て、国際課（2003年）へと改組され、現在に至っている。

　浜松国際交流協会は1982年に浜松商工会議所内に任意団体として設立され、その後、1991年に財団法人に改組、2010年には公益財団法人へ移行している。浜松国際交流協会は、設立以来、市民による国際交流活動の支援と共に、在住外国人に対する生活情報の提供やガイドブックの作成、日本語教室の開催などの事業や取り組みを進めてきた。これらは現在の多文化共生の取り組みにつながるものであり、浜松国際交流協会は市の多文化共生施策推進の拠点施設の運営を担うことで、国際化に関する地域課題や行政課題の解決に向けて、引き続き重要な役割を担っている。

（2）施策推進の指針

　本市では国際化施策推進の指針として2001年度に「浜松市世界都市化ビジョン」を策定（2008年改訂）し、「共生」、「交流・協力」、「連携」および「発信」を基本的な施策の柱とした。中でも「共生」を「国際交流・協力」と並ぶ施策の柱と位置付けたことが大きな特徴であり、共生社会を築くために、外国人市民が「積極的に社会参加できる環境を整え」、「市民同士が交流し、お互いの文化や価値観に対する理解を深める中で、快適で愛着の持てる地域をつくっていく」ことを唱えた。

　同ビジョンに基づく「共生」分野の具体的な取り組みでは、外国人市民の抱える問題点などを自ら解決するために声を聴く機会としての浜松市外国人市民会議（現浜松市外国人市民共生審議会）の設置や、外国人住民が多い自治会同士で事例共有や意見交換を行う地域共生会議（現地域共生自治会会議）を開始した。このような取り組みの成果として、多言語生活情報サイト「カナル・ハママツ」の立ち上げをはじめ、行政情報などの多言語化や窓口における外国語

対応の体制を整備してきた。また、外国人の子どもたちの教育支援として、市民活動団体や浜松国際交流協会と連携し、日本語教室やバイリンガルによる基本教科の学習支援を行う教室「カナリーニョ教室」を市内数カ所に開設した。2010 年 1 月には外国人の子どもから大人までを対象とした学習支援の拠点施設として「浜松市外国人学習支援センター」を開設した。日本語教室は初級から中級まで年間を通して複数のクラスを設け、日本語教育支援者養成講座や地域に密着した教材の開発などにも取り組んできた。

　「連携」分野では、南米日系人等の外国人住民が多数在住する都市に呼びかけ、2001 年度に外国人集住都市会議を設立し、生活者としての定住化を想定していない外国人施策に係る法律や制度等の改善策について国への提言等による働きかけを開始した。また、国際的な都市連携を進めるために、2003 年に都市・自治体連合（UCLG）の前身にあたる地方自治体連合（IULA）に加盟し、世界の諸都市との都市間交流や連携の構築を目指した。

　2013 年 3 月には、「浜松市世界都市化ビジョン」の「共生」に関する分野に焦点を当て、浜松型の多文化共生社会の実現を目指して、「協働」、「創造」、「安心」の 3 つを施策体系の柱とする「浜松市多文化共生都市ビジョン」を新たに策定した。同ビジョンでは、重点施策として「多様性を生かしたまちづくり」を位置付け、これまでの外国人支援を中心とした取り組みにとどまらず、外国人市民によってもたらされる文化的多様性を都市の活力として、新たな文化の創造・発信、地域の活性化を目指すこととした。

　2018 年 3 月には、「多様性を生かしたまちづくり」の理念から実践への移行をコンセプトとして改定版の「第 2 次浜松市多文化共生都市ビジョン」をとりまとめた。本市ビジョンの考え方は、欧州諸都市における「インターカルチュラル・シティ（ICC）・プログラム」と軌を一にするものである。

（3）欧州評議会や世界の都市との連携

　本市では、「浜松市多文化共生都市ビジョン」の策定時期に併せ、欧州評議会が主導する「ICC プログラム」などの新たな動きを注視しながら、世界の多文化共生都市との連携を図ってきた。

　2012 年 1 月、多文化共生に取り組む日本・欧州・韓国の自治体首長が一堂

に会し、東京都内で「多文化共生都市国際シンポジウム」が開催された。シンポジウムの最後には、「文化的多様性を都市の活力、革新、創造、成長の源泉とする新しい都市理念を構築し、多文化共生都市が連携し、互いの成果から学び、共通の課題を解決することを目指す」、そして「異なった文化的背景を持つ住民がともに生き、繁栄し、調和した未来の都市を築いていく」ことを謳った「多文化共生都市の連携を目指す東京宣言」を本市市長が読み上げ、参加者一同の賛同のもと、採択された。

　同年10月には、本市において日本・韓国・欧州の多文化共生都市の首長や実務者が一堂に会した「日韓欧多文化共生都市サミット2012浜松」（主催：浜松市、国際交流基金）を開催した。サミットの最後には、「国際的な枠組みで知見や経験を共有し、各都市においてより良い施策を実施するため国内外の多文化共生都市の連携を一層推進し、文化的多様性を都市の活力とする」浜松宣言を本市市長が発表し、参加者の賛同を得て採択された。

　翌2013年10月には、韓国・安山市において日本・韓国・欧州の多文化共生都市の首長や実務者が一堂に会した「日韓欧多文化共生都市シンポジウム」（主催：全国多文化都市協議会、安山市）が開催され、本市も引き続き参加した。本市市長が本市の多文化共生の取り組みを発表するとともに、多文化共生都市の国内外連携の重要性を訴えた。

図1. 日韓欧多文化共生都市サミット2012浜松

そして、2016年11月、欧州評議会および在ストラスブール総領事館から招聘され、フランス・ストラスブールで開催された「世界民主主義フォーラム2016」に本市市長が登壇した。その際、改めて本市の多文化共生施策に対する高い評価を得て、ICCプログラムを主導する欧州評議会から強い加盟要請を受けたことから、同ネットワークの正式な加盟に向けた検討・準備を進めた。

　グローバル化の進展とともに、「多文化共生」と「多様性の受容」が近年ますます身近で重要なテーマとなる中、2017年10月、本市はアジアの都市として初めてICCネットワークに加盟した。国際交流基金との共催による「インターカルチュラル・シティと多様性を生かしたまちづくり2017浜松」と題した国際シンポジウムでは、明治大学の山脇教授による基調講演が行われたほか、市内で多文化共生に関する活動を行っている団体が一堂に会し、それぞれの活動報告を行うとともに活発な意見交換が行われた。また、欧州評議会ICCユニット長のイヴァーナ・ダレッサンドロ氏と都市政策専門家のフィル・ウッド氏によるICCについての講話では、欧州の先進的な多文化共生の取り組みなどを学び、会議の最後には、「多様性をまちづくりに生かす重要性について、共通認識を持ち、異なる文化を持つ多くの人々の交流を通じて、新たな文化を創造・発信、地域の活性化へとつながる、誰もが活躍できる魅力あふれたまち

図2. インターカルチュラル・シティと多様性を生かしたまちづくり2017浜松

を目指し、世界の多文化共生都市との連携をより一層推進していく」ことを謳い、本市市長が ICC ネットワークへの加盟を正式に宣言した。

（4）現行ビジョンの取り組み

　「浜松市多文化共生都市ビジョン」のこれまでの具体的な取り組みとして、「協働」分野では、共生社会の構築に向けた取り組みとして、地域共生モデル事業による自治会など地域コミュニティへの外国人市民の参加促進や、本市の多文化共生施策推進の拠点である浜松市多文化共生センター及び浜松市外国人学習支援センターにおいて各種イベントを開催し、交流機会の創出に取り組んできた。また、地域の関係諸機関がオール浜松体制により多文化共生を推進していくため、浜松市多文化共生推進協議会を設立し、多様な主体が連携した多文化共生の取り組みを促進してきた。さらに、これからの地域を共に担う人材としてお互いを理解し合うため、異なる文化への理解を深める国際理解教育講座の充実を図るとともに、文化の多様性への理解に必要となるユニバーサルデザインや人権に関連した啓発活動も実施してきた。

　「創造」分野では、外国人の子どもの不就学ゼロ作戦事業に取り組み、2013年9月には「不就学ゼロ」状態を達成するほか、学齢期を過ぎた外国人青少年のキャリア支援など、外国にルーツを持つ次世代の育成に注力している。また、多文化共生に関する事業を毎年10月に集中的に開催し、共生に関する理解を深めるとともに、交流の機会とする「多文化共生 MONTH」を設け、多様性を生かした交流の促進や文化の発信にも努めてきた。さらに、誰もが能力を発揮できる環境づくりを進めるため、社会で活躍する外国人青年をロールモデルとして紹介するほか、大学や企業、高等学校等と連携し、外国人の若者たちの地域社会での活躍を促すための各種セミナーを開催することで、多様性を生かした地域の活性化を目指してきた。浜松国際交流協会が活動を支援している外国にルーツを持つ大学生を中心とした若者グループ「COLORS（カラーズ）」は、自らの多様性やルーツを強みとして生かし社会参画を目指す積極的な取り組みを続けている。

　「安心」分野では、コミュニケーション支援の強化策として、多言語生活情報サイト「カナル・ハママツ」の7言語対応リニューアル実施や、転入する在

図3. 外国人の子どもの不就学ゼロ作戦事業

留外国人に対する生活情報を集約したオリエンテーションツール「ウェルカムパック」を7言語対応とするなど、多言語による情報発信体制の充実を図ってきた。また、2015年3月には浜松国際交流協会との間で「災害時多言語支援センターの設置および運営に関する協定書」を締結し、災害時における外国人支援体制の整備を進めている。さらに、生活言語として必要な日本語の習得を進めるため、浜松市外国人学習支援センターを拠点とした日本語教室やボランティア養成講座を実施するとともに、市内で活動するNPO等支援団体との連携強化を図ってきた。

（5）今後に向けて

現行の「第2次浜松市多文化共生都市ビジョン」では、国内外の多文化共生都市との連携を推進方針の一つとして掲げている。本市は欧州を中心に世界150都市以上が参加するICCの一員として、これまで以上に世界の多文化共生都市（インターカルチュラル・シティ）との連携強化を図り、連携を通じて得られた知見や成果などについては国内外に向け広く発信していく。

2019年9月にはアメリカ・ニューヨークの国連本部で開催された「ハイレ

ベル政治フォーラム（HLPF）・地方自治体フォーラム」に、本市市長が日本の自治体を代表してただ一人登壇し、「多文化共生」を本市の SDGs 推進の柱となる特徴的な取り組みの一つとして紹介した。

　同年 10 月には、本市において「都市間連携国際サミット 2019 浜松」（主催：浜松市、国際交流基金、共催：都市・自治体連合アジア太平洋支部（UCLG ASPAC））を開催し、多文化共生をテーマとするパネルディスカッションでは、ICC 加盟都市からスウェーデン・ボートシルカ市長、オーストラリア・バララット市副市長が本市市長と討議を行い、都市政策専門家であるフィル・ウッド氏がコメンテーター、明治大学の山脇教授がモデレーターを務める中、活発な議論が繰り広げられ、互いの経験やノウハウの共有がなされた。

　本市にとって ICC 加盟の最大のメリットは、国際的な潮流を視野に入れて施策を進めること、そして自らの取り組みを見直すことにあると言える。本市は、ICC 加盟にあたり、ICC インデックス指数による評価を受け、88 都市中20 位に位置付けられており、その結果は欧州評議会の ICC ホームページ上で公表されている。併せて、加盟にあたり欧州評議会及び都市政策専門家が市内の関係団体との意見交換や視察、インタビューを行い、その結果が「浜松市インターカルチュラル・プロフィール」として同ウェブサイト上に公表されている。

　高く評価された分野は、コミットメント、地域共生、文化・市民生活、国際戦略、知識と技能、転入者支援であった。一方で、評価が低く、強化が必要な分野は、行政サービス、ビジネス・雇用、仲介とトラブル解決、ガバナンスの取り組みであり、推奨された施策は現在計画期間中である「第 2 次浜松市多文化共生都市ビジョン」の具体的な取り組みとして即反映されている。そのいくつかを紹介したい。

　ビジネス・雇用分野ではビジネスセクターと連携した就労支援につながる取り組みが推奨され、地元金融機関が主催する「ビジネスマッチングフェア」への参加が実現した。また、ダイバーシティの推進を目指した企業・経済団体の創出推奨では、2021 年 10 月に、外国人市民の多様な活力を生かし、より地域の活性化につなげるため、「外国人材活躍宣言事業所認定制度」を新たに開始した。

仲介とトラブル解決分野では、日本では欧州と異なり宗教や文化等の差異による民族紛争はないものの、ゴミ出しや騒音等を起因とした地域トラブルは発生している。そうした対策として、欧州諸都市でのグッドプラクティスとして推奨された、地域での相互理解を進める人材（ブリッジビルダー）の育成と活用を事業化し、セミナー等の開催を重ねている。

　その他では、多文化共生の推進に資する市民や団体等の優れた取り組みを表彰する制度の導入が推奨され、「浜松市多文化共生活動表彰制度」を 2018 年度に創設している。

　日本と世界においては、外国人受け入れの歴史や取り巻く環境、多文化共生へのアプローチは異なるものの、自治体が外国人を地域社会に受け入れ、国に先駆けて多文化共生を推進していることは共通している。今後、多文化共生に取り組む世界の都市が、多様性を生かしたまちづくりの戦略的な取り組みを進め、互いの知見やノウハウを共有し、より良い施策を展開していくことがこれまで以上に求められる時代となるだろう。多様性をまちづくりの源泉とする ICC の理念を地域住民と共有し、誰もが活躍できる多文化共生都市の実現を目指すことができる自治体が今後持続的な都市経営を可能とするはずである。

　今後も多文化共生を本市の特長・強みとして生かし、類似した課題を抱える国内外の多文化共生都市（インターカルチュラル・シティ）との連携強化を通じた相互の課題解決や、多様性を都市の活力とした誰もが活躍できるまちづくりの戦略的な取り組みを積極的に進めていきたい。

　本市では、2023 年 4 月から「浜松市多文化共生都市ビジョン」が第 3 次計画期間を迎える。多様性を生かしたまちづくりの実践をより進め、価値創造型の多文化共生都市・浜松に向けて引き続き取り組んでいく。

第9章
浜松国際交流協会と外国にルーツを持つ
若者グループ COLORS による協働

鈴木恵梨香（1〜3、9節担当）

宮城ユキミ（4〜8節担当）

　公益財団法人浜松国際交流協会（以下「HICE」（通称）という）は、第8章で触れられているとおり、1982（昭和57）年に設立した浜松市の外郭団体である。多言語による生活相談や日本語教室などの外国人市民向け事業から、国際理解教育や多文化共生の啓発など地域社会の理解や意識変容を求める事業まで幅広く展開している。そのほか中間支援組織として、市民の要望を聞き取って行政機関等につなぎ、NPO など市民グループに対しても様々な活動支援を行っている。HICE では、専門職員であるコーディネーターを配置し、当事者の視点を大切にしながら現場のニーズを基に先進的な試みを展開している。

　ここでは、浜松で活動する外国にルーツを持つ若者グループ COLORS（以下、「COLORS」という）の立ち上げから現在まで活動支援をしている HICE 職員（鈴木）の立場から、そして COLORS のリーダー（宮城）の立場から、HICE と COLORS による協働の取り組みを紹介する。

（1）外国ルーツの若者との協働の始まりから COLORS の立ち上げまで

　HICE が外国ルーツの若者に焦点を当てた事業を始めたのは、2009年度の「多文化教育ファシリテーター養成講座」である。外国ルーツの若者としての体験や社会に向けた思いを発表し、最終的に冊子にまとめている。次にこの講座を修了した若者を中心に、自分たちと同じ外国ルーツの若者たちをエン

パワーしようと企画されたのが、2012年度の「可能性へ向けてのリスタート」である。HICE最大の国際交流イベントである「はままつグローバルフェア」のプログラムとして、ブラジル、ペルー、フィリピン、ベトナムにルーツを持つ若者が自分たちの経験や思いを発表した。さらにこの企画に関わった若者が次に企画したのが、2013年度に開催した「78か国の浜松市民が大集合」である。その当時、浜松市には日本国籍含め78か国の市民が住んでいたことから、「みんなが集まって何かできたら面白いよね」という発想が彼らから生まれた。当日は20か国約200人の市民が集まり、自己紹介ワークショップのほか、地元音楽バンドの演奏に合わせ、フェジョン（ブラジルの豆）を入れたペットボトルを楽器代わりにリズムを奏で、盛り上がったイベントとなった。

　ちょうどこの年、浜松市では「浜松市多文化共生都市ビジョン」が策定され、新規事業として「多様性を生かしたまちづくり」に取り組み始めた。外国人を一方的に支援される存在として見るのではなく、外国人市民が持つ多様性をまちづくりに活かす方向に舵を切ったタイミングでもあった。

　筆者（鈴木）は2013年度に「多様性を生かしたまちづくり」、「新たな文化創造事業」の担当としてHICE職員となり、このイベントから彼らに関わり始めた。イベント終了後の振り返りの場で、彼らから「今後は（単発で大規模なイベントではなく）定期的に気軽に集まれる場をつくりたい」という声があがった。これをきっかけに2014年1月、外国にルーツを持つ若者グループCOLORSが発足し、HICEはそれ以来、彼らの活動を支援している。

（2）COLORS の活動（2014 年〜 2019 年）

　COLORSとは、Communicate with Others to Learn Other Roots and Storiesの頭文字である。2021年現在、ブラジル、ペルー、フィリピン、コロンビア、香港にルーツを持つ大学生や社会人メンバー10人ほどが所属している。

　2014年度は、一般市民数人を交えた座談会形式の集まりを実施。テーマはルーツやライフヒストリー、今までの学習経歴、国際結婚と移り、最終回は日本での就職活動について話し合った。彼らは日本で育ち日本国籍を持っていたとしても、名前や見た目が「外国人」であるがゆえに就職活動で不利になったり留学生と混同されたりする不安を抱えていた。そこで、大学進学まで果たし

た自分たちの存在や能力を企業に正しく理解してもらうことと同時に、同じように悩む後輩たちの力になりたいと、「グローバル人材就職応援セミナー」を企画した。セミナーでは、メンバーが司会進行を務め、外国ルーツを持ち浜松で正社員として働く先輩からは体験談、企業担当者からは外国ルーツを持つ人材に求めることを話してもらったのである。

2015年度は、セミナーに加え「出張COLORS」を始めた。これは、前述のセミナーの振り返りの場で「今度はHICE会場ではなく学校に直接出向きたい。日本の学校で苦しんでいる後輩たちを励まし、将来の目標を持って頑張ってほしい」という思いが発端で、市内定時制高校の協力を得て出前ワークショップを3回実施した。まずは高校生が気軽にメンバーと会話できるようにクイズやゲームから始め、徐々にメンバーがライフヒストリーや苦難を乗り越えた方法を語った。2回目終了時、ある生徒から「国籍取得について聞きたい」と要望があり、日本国籍を取得したメンバーが経験を交え、心情の変化やメリット・デメリットを踏まえアドバイスをした。日本人で年齢の離れた大人が話すよりも、少し年上で外国ルーツの身近な存在であるメンバーだからこそ要望に沿えたと感じた出来事であった。

2016年度からは、近隣市の定時制高校からも出張COLORSの依頼があり、ワークショップの内容に、仕事や生活で重視したい価値観や日本での職種を知るアクティビティを加え、高校卒業後の目標を生徒に考えてもらうことにした。この「出張COLORS」は、合計4校の高校で2019年度まで実施していたが、2020年度はコロナ禍により断念した。

（3）コロナ禍でのCOLORSの活動（2020年〜）

①外国ルーツの高校生に向けた就職応援動画の制作

前述の就職応援セミナーは、会場を定時制高校に移して実施していたが、コロナ禍により対面での実施は断念した。COLORSメンバーも静岡県外や海外に住んでいる人もおり、対面でミーティングをすること自体も難しかった。しかし何とかして外国ルーツの後輩のために就職活動の応援アドバイスをしたいという思いから、オンラインビデオ会議システム「Zoom」を活用して動画を作ることとなった。そこで、当時大学卒業を控えていたメンバーが司会進行

を務め、正社員として勤務経験のあるメンバー3人（ブラジル・ペルー、ブラジル、フィリピンにルーツを持つ）に質問形式で話を聞き出しながら、①ライフヒストリー、②就職するまでに頑張ったこと、③仕事のやりがい、④正社員と非正規雇用の違い、⑤後輩へのメッセージを収録した。それを他のメンバーが動画編集し、また他のメンバーらが手分けして自分の得意な言語に翻訳し、YouTubeの機能を使って日本語、英語、ブラジルポルトガル語の字幕を完成させ、COLORSのYouTubeチャンネルにアップロードした。コロナ禍で全員が直接集うことはできなかったが、ZoomミーティングやFacebook メッセンジャーのグループ上で相談しながら、リモート作業で動画をスムーズに完成できた。特に2020年度以降に新しく大学生や社会人になったメンバーらは、住む場所も生活スタイルも変わったと同時に、コロナ禍の新しい生活スタイルに適応しつつ、スマホ・パソコンのアプリやSNSを使いこなしてCOLORSの活動に参加していた。これはメンバー全員の能力があったからこそ成し得た動画企画だったと感じる。

　この動画は、2021年度に定時制高校で対面開催した就職応援セミナーにて上映した。平日の昼間などメンバーの都合が付かず学校に赴けない場合でも活用できるため、今後も様々な場面で動画を活用する予定だ。

②オンラインセミナーの実施
　初の試みとして、外国人支援者や教育・行政関係者に向けたオンラインセミナーをZoomで実施した。それが、「外国にルーツを持つ若者が語る〜外国にルーツを持つ児童生徒に必要な教科学習"以外"の支援とは〜」である。多文化共生に関するセミナーでよくある開催形式としては、日本人の有識者や支援者、行政等が企画・司会進行・登壇し、ゲストスピーカーとして彼らのような存在が登壇してライフヒストリーや学習支援、日本語教育について話し合うものが多い。しかしCOLORSメンバーであれば、それら「以外」に必要な支援について、すべて自分たちで発信できるのではないかと考え、外国にルーツを持つ若者が企画し登壇し司会進行するセミナーをやってみないか？とHICE側から声をかけた。
　メンバーの人生経験は多様で、来日時の年齢や通った学校の種類、母語も異

なる。そのため、それぞれの視点から語ることができるようにメンバーを大きく２つに分けた。１つ目は、小学校高学年以上で来日し、海外やブラジル人学校での就学経験があるパターン、２つ目は、最近増えつつある日本生まれもしくは小学校低学年までに来日し日本の学校のみに就学したパターンだ。当日のHICEの配信会場には、司会進行を務めた宮城ユキミさんのほかメンバー２人が集まり、リモート出演が４人、事前に動画収録して出演したメンバーが４人の合計11人が出演した。詳細はYouTubeにアップした動画[1]をご覧いただくのが分かりやすいが、簡単に流れを紹介する。

　まず全員が数分ずつ自己紹介としてライフヒストリーを語った。次にセミナー聴講者から申し込み時に受け付けた質問130個ほどを事前に筆者（鈴木）が３つに分類したものに沿って進行した。１つ目は、ルーツに対する気持ちやターニングポイント、２つ目は、周りの人からの声かけ・接し方、３つ目は必要な支援や仕組み（ヒト・モノ・コト）である。司会の宮城さんは、メンバーのライフヒストリーや思いを、事前収録メンバーの動画やパワーポイントのスライドで把握していたため、自分の経験を交えつつ、メンバーに的確に話題を振って進行した。そして最後には必要な支援や仕組みをまとめてセミナーを終え、後日HICEのYouTubeチャンネルで動画を限定公開した。

　このセミナーは、HICEが浜松市からの委託事業（グローバル人材セミナー事業）の枠で企画実施したものであったが、申込者147名（当日視聴・後日視聴含む）のうち約７割が浜松市外からであった。東京、神奈川、埼玉、愛知、岐阜、京都、滋賀、奈良、大阪、兵庫、広島、石川、富山などである。申込者の属性としては、小中学校教員、大学教員、学習支援員、日本語教師、行政職員、中学生、大学生、留学生であった。終了後のアンケートで、ある関西地方の行政職員からは「コロナ禍でたくさんのオンラインセミナーを受講してきたが、一番心が動かされた。先進的な取り組みは全国に影響を与えると思う」との回答があった。また、複数の大学教員からは「動画を講義で使いたい」、「教員を目指す学生や教員に動画を見せたい」、支援者からは「勉強会で動画を使った」、「支援者に大変有益な話が満載で、何度でも見返したい」という報告もあった。セミナーは２時間半の長丁場であったが、外国ルーツの若者の生の声を直接聞けてとても興味深く聞き入ってしまったとの声も複数あり、後日に

なっても動画視聴の申込があったほど反響を感じたセミナーであった。

　ここからは、COLORS リーダーの宮城の思いを紹介したい。

（4）COLORS への思い──ライフヒストリー

　COLORS は私の人生と深くつながっていると言っても過言ではない。最初はライフヒストリーから紹介し、COLORS への思いを書いていきたい。

　私はブラジル・サンパウロ州生まれ、2005 年に来日した。当時は少し日本で働いて、ある程度貯金ができたらブラジルへ戻るつもりだったと両親から聞いている。そのとき 10 歳だった私は、特に何にも考えずに両親と 2 人の妹と一緒に日本へ来ることを選択した。

　最初はすべてが新鮮で、まるで長期旅行をしているような気分だったが、日本の小学校へ編入することになり、状況が変わった。漢字はおろか、ひらがな、カタカナすら書けず、日本語は「おはよう」、「ありがとう」程度の語彙だった。それと、言葉だけでなく学校文化の違いにとても戸惑った。ピアス、ネイル、メッシュはダメ、8 時から 15 時まで授業があること、掃除や給食があることも驚きだった。

　国語と社会は通常のクラスではなく、国際クラスのようなところで「取り出し」スタイルで日本語を学んだ。学校に配置されていた通訳は週に 2 回、短時間しかいなかったので、自分が実際に顔を合わせることはほとんどなかった。私は自分でポルトガル語併記の教材や、漢字ドリル、紙の辞書を使って日本語を勉強した。

　ある日、気が付くと普段の教室に残っていたのは私一人だけだった。少しすると、学級委員のクラスメイトが呼びに来てくれた。次の授業は音楽でみんなはすでに音楽室へ移動していたのだった。最初はクラスのみんなも私を気遣い、昼休みに外での遊びに誘ったり、グループに入れてくれたりしていたが、私は言葉がほとんど分からず楽しくなかったうえに、すごくストレスが溜まっていた。

　算数の授業は最小公倍数、最大公約数の授業だった。幸いなことに、ブラジルにいた頃にすでに学んでいた内容だったため、なんとか授業についていくことができた。ただ、漢字が読めなかったため、テストの問題で何を聞かれてい

るか理解できず、点数が取れなかった。テストが返却されたとき、「ガイジンだからできないんでしょ」というニュアンスの言葉がクラスメイトから聞こえて、とても悔しかった。できるはずなのに、解けない。もっと友達と仲良くなりたい、「ガイジンだからできない」と言ってきた人たちを見返したい、いつの間にかそんな気持ちが日本語の勉強のモチベーションになっていた。

　家に帰ってから毎日書き取り、本読みを行い、漢字ドリルは小1から小6の6年間分を1年で一通りやり、読めない漢字、分からない言葉は全部調べてポルトガル語を書いていた。中学生になったころには、取り出し授業のサポートなく通常の授業についていくことができていた。

　中学生になり、部活動に参加し、日本語や日本での生活にはほとんど不自由なく過ごしていた。しかし、日本語を学んでいくうちに、母語であるはずのポルトガル語を忘れていくことに不安を覚えていた。また、思春期でもあり、他の日本人と同じになりたい気持ちが強くなり、自分のアイデンティティは何なのか、自分は何人（ナニジン）なのか迷子の状態だった。その気持ちを抱えたまま、進路を決める時期がやってきた。どちらも中途半端はいやだと感じ、ブラジル人学校などでポルトガル語を学びたい、ブラジルの義務教育を終えたいと担任に伝えたが、返ってきた言葉が意外だった。「もったいない」と。ここまで努力して頑張ったなら、日本の高校も目指せると伝えてくれ、日本の普通課程に加えて、ポルトガル語の授業のある浜松市立高校インターナショナルクラス[2)]を紹介してくれた。そこでその高校を目標に必死に勉強し、無事合格、進学することができた。

　高校に入ると外国にルーツを持つ他のクラスメイトに出会い、いろいろなバックグラウンドで来日し、頑張っている仲間に出会った。国語の授業の古文が難しいことや、日本の歴史がいまひとつ分からないという学業面での苦労から、今まで打ち明けることがなかった家庭のこと、アイデンティティのことまで話せる仲になった。部活動はインターナショナルクラスの一つ上の先輩が所属していた部に入った。

　外国にルーツを持つ自分たちのことや、言語学についてもっと学びたいと思い、大学進学を決めたが、学費のこと、大学受験のことがとても不安だった。国語の読解が苦手だった自分は他の日本人と同じ土俵で戦えるのかと悩ん

だ。そのとき、やはり参考になったのは、一般入試で日本の公立大学に合格し、進学した同じ高校の先輩だった。彼ができたのなら私もできると思い、勉強し、静岡文化芸術大学に合格した。

大学へ入学すると、学科が国際文化学科だったこともあり、「日本の大学で学ぶ外国にルーツを持つ学生」として注目が集まり、講演会などに呼ばれることが増え、その一つがHICEと出会うきっかけになった。そして、そのようなイベントを通して、私たちのような日本語ゼロから様々な困難を経て大学で学ぶ外国ルーツの若者の存在がいかに希少なのかあらためて感じた。

現在は、静岡県内の企業に勤め、主に海外プロジェクトを担当しながら、COLORSの活動や学習支援のボランティアを行っている。

（5）HICEとの出会い──COLORSの立ち上げ

あるイベントの後、HICE職員に声を掛けていただいた。HICE主催の若者イベントの企画や登壇の依頼だった。そのイベントが前述の2012年度の「可能性へ向けてのリスタート」である。このイベントに携わった一部のメンバーが2013年度の「78か国の浜松市民が大集合」で企画・運営を行った。

「78か国の浜松市民が大集合」に関わったメンバーと話していくうちに、単発のイベントではなく、継続した活動をしていきたいという思いで一致し、HICEの協力の下、2014年1月にCOLORSが発足した。立ち上げメンバーは自分を含めて5人、ブラジル、フィリピン、インドネシア・ルーツの若者だった。

COLORSを結成した当初は、様々なバックグラウンドを持った人がいることをイベント等を開催する過程で知り、「いろいろな人の話をもっと聞きたい」という思いから座談会形式でトピックを決めて話していた。個人的に自分がこれから立ち向かう「壁」をテーマに、それらをすでに経験している先輩から話を聞きたかった。テーマは「国際恋愛・結婚」、「二重国籍、帰化」、「外国ルーツあるある」など様々だった。

そして、自分が先輩の話を聞くだけでなく、自分の苦労したことや中高生に伝えられることはないかと考えるようになった。小学生だったころの自分に、同じ経験をした先輩が「大丈夫だよ」と言ってくれていたら、もっと気楽に今

を迎えていたことだっただろう。自分はたまたま環境に恵まれていて、たまたまインターナショナルクラスの情報を持っていた先生と出会い、高校で同じ境遇の仲間に出会っている。私が苦労しながらもチャンスを摑み、大学進学や就職できた理由は「偶然」や「運が良かったから」でまとめてよいのだろうか。

　自分や他の外国ルーツを持つ若者のライフヒストリーを後輩に伝えていきたい、そう強く思うようになった。話すだけで何が変わるか分からないが、「外国人だから」、「日本語が分からないから」と、今の自分の境遇を理由に夢を諦めないでほしい、私たちのように自分の夢を叶えられることを伝えたい。これが今でも COLORS の活動をする私の原動力だ。

　活動しているうちに、HICE 内やイベントだけだとライフヒストリーが一部の人にしか届かないと思い、直接学校へ出向いて生徒たちへ伝えたいと意見が出た。それが COLORS のメイン活動の一つとなっている「出張 COLORS」につながった。最初は1校3回の講座からスタートし、徐々に他校からも依頼を受けるようになった。事前準備を行い、教案を作って高校生に興味を持ってもらう内容になっているかメンバーで話し合って挑んだ。終了後はアンケートをとり、高校生たちの要望、聞いてみたいことを次の講座になるべく取り入れるようにした。

　このように COLORS の活動は決まった内容のものがなく、メンバーの経験やその時のニーズに合わせて内容を変え、メインとなるメンバーを選び、活動している。例えば、前述の 2014 年度「グローバル人材就職応援セミナー」は、まさに自分が就職活動を始める前に開催した。自己分析等をやっていくと、日本社会で自分の強みをどうアピールしたらいいのか、自分のルーツやアイデンティティ、バックグラウンドをどう活かしたらいいのか悩んでいることに思い当たった。日本人と同じ枠だと埋もれる可能性がある、でも留学生枠でもないと悩んでいるとき、地元企業に対してアピールする場がないなら、私たちで作ればいいと思いつき、セミナーを企画した。現在この活動は定時制高校の生徒を対象にして、きちんと自分の将来を考えて日本語を身につけることや、正社員で働くことのメリット等を伝える活動になっている。

（6）ロールモデルの存在

　私は現在 28 歳だが、振り返ってみるとターニングポイントとなる場面に「ロールモデル」となる人物が必ずいたことが分かった。高校から大学へ進むときのブラジル人の先輩、大卒で就職した会社を選んだきっかけも、実はブラジル人の 4 つ上の先輩がいたからである。

　COLORS とは直接関係ないが、大学生のときに携わっていた学習支援教室に通っていたブラジル・ルーツの生徒が、私たちのような学生を見て同じ静岡文化芸術大学を選んで入学したと言ってくれた。まさに自分がロールモデルになっていると感じた瞬間だった。その生徒は後に COLORS に加入し、共に活動している。

　現在はブラジル・ルーツだけでなく、いろいろな国籍・ルーツ、来日背景、家庭事情、性自認を持っている子どもが増え、広い意味での多文化となっている。周りと違うからという理由でマイノリティと考えるのではなく、むしろ自分のメリットの一つと捉えて前向きに考えてほしいと願い、COLORS の活動を続けていく。

（7）社会人（仕事）との両立と HICE との関係

　一般企業に就職した今でも COLORS の活動や講演、セミナー等を行っている。これができているのは HICE のサポートと会社の理解があるからだ。

　HICE の協力に関しては、事務的なサポートはもちろんのこと、学校や企業との交渉、紹介等マネージャー的な立場からサポートいただいている。これは学生や本業があって昼間対応できない自分や他の社会人をうまくフォローできていると感じる。これがあるからこそ、学生や社会人を企画・運営に巻き込むことができ、集中して取り組むことができている。

　このようなセミナーや講演の活動は平日夕方か土日がメインになるが、平日の昼間に依頼が発生することもある。勤めている会社は静岡県西部にあり、外国人を取り巻く環境を知っており、フレックスタイム導入や有給休暇を取りやすい環境もある上、COLORS の活動に理解があり、応援してくれている。平日の昼間に休みをとる必要があるときは業務を調整し、快く送り出してくれて

いる。社会人でいながら、こういう活動をできる、していることも本業への評価にもつながっていると信じている。

（8）COLORS の今後

外国にルーツを持ち、日本に定住する人が増えている。私たちのような存在を「外国人」とみなすのではなく、同じ社会の一員、市民として捉えてほしい。互いに困っていることを助け合い、補い合える存在となってほしい。

学校の先生や支援員にお願いしたいことを書くとしたら、生徒や学生の限界を決めないでほしいということ、厳しい意味でも平等に扱ってほしいことを伝えたい。「外国人だから宿題は出さなくていい」、「漢字ができないのはあたりまえ」、「大学を目指すのは無理だ」、これらは実際に聞いた言葉である。私自身も日本語が全く分からない状態で来日したが、周りの人の支えのおかげで日本語を学び、COLORS を立ち上げ、このように経験を書籍に書き記すこともできた。

外国にルーツを持つことに限らず、周りと違うことを弱みとして捉えるのではなく、強みとして活かして、自分の COLORS（色）を見つけてほしい。COLORS としてニーズに臨機応変に対応しながら、引き続き HICE と共にそのサポートをしていきたい[3]。

（9）まとめ——多様性を生かしたまちづくりを進めるには

最後に HICE 職員から、多様性を生かしたまちづくり事業を実施する上でHICE がどのように COLORS の多様性を生かしながら協働し続けているか紹介したい。

まず、当事者が担当になることだ。筆者は外国にルーツは無いが、2013 年の「78 か国」イベントから今日まで、「若者事業には若者を」という理由で担当することとなった。実際、メンバーの 1 人と私は同い年だ。8 年がたち、胸を張って若者とは言えない年齢になったが、それでも継続して担当している。上下関係ではなく協働する対等な関係である。

2 つ目に、連絡手段である。彼らと密なやりとりをする上で、メールよりメッセンジャーの方が返信率が高く反応も早かった。普段は、Facebook の非

公開グループで外部からの講演や取材依頼の情報共有等をしているが、個別に依頼をしたい場合や、細かい連絡調整などは、メールではなくメッセンジャーを主に使っている。勤務時間中は常にパソコンでメッセンジャーを立ち上げた状態にし、休日もスマホに通知が来たら、すぐ返信するように心がけている。言葉遣いは基本的には丁寧語だが、特に学生メンバーは、公的団体の職員に連絡するのは緊張するだろうと思い、メッセンジャーを使うときに限っては、メールのような整った文章ではなく、文末に「笑」や「www」を使い、短文や単語でフランクに返信し、連絡するハードルを低くしている。そのためか、活動に直接関係のない人生の悩み、仕事の悩み、卒業論文の構成の相談までされたこともある。行政職員の場合、外部の人とはメールや電話でのやりとりにせざるを得ないこともあるだろう。もし個人でのやりとりが可能であれば、外国ルーツの有無に限らず若者は Instagram や Twitter のダイレクトメッセージ機能、メッセンジャー、LINE などの方が返信率が高い。

　3つ目は、裏方に徹することだ。今まで COLORS とはイベント、出張ワークショップ、オンラインセミナー、動画制作を共にしてきたが、私は可能な限り表には出ないようにしている。本番当日は彼らだけで運営できるように、事前準備や事務作業に協力し、本番は表や画面に映らない作業にだけ協力する。私の存在を限りなく消すことで、外国ルーツの若者で構成されたグループが当事者をエンパワーしているという良い特徴がうまく外部に伝わり、それがさらに講演依頼などにつながり、彼らの活躍機会を増やしていると考えている。

　4つ目は活動資金の確保だ。彼らの活動の多くは市からの委託事業の枠で実施するようにしたため、彼らには、事業補助として講師謝金や動画制作費を支払うことができている。ただ、それ以外の活動にかかる費用は賄えないため、メンバーが学業や仕事をしている間、筆者は COLORS の存在や活動を外部に広報している。2021 年度はロータリークラブから寄付金をいただくことができ、地元企業の経営者が集まる例会で大学生メンバーが講演する機会も得た。

　このようにして、COLORS と HICE は 2014 年から今日まで継続して協働ができている。HICE から市の所管課に COLORS の近況や活動の現状を共有することで、市もその存在を認め、浜松市の「多様性を生かしたまちづくり」を象徴する事例として市内外で広報してくれている。

2021年度からは、市が立ち上げた「浜松市インターカルチュラル・シティ推進会議」の委員として、COLORSからは宮城ユキミさん、HICEからは筆者が参画している。行政機関の会議で外国ルーツ、女性、若者枠の委員を選出した今後の浜松市に期待すると共に、HICEとしても多様性と当事者の視点を大切に生かした事業を展開していきたい。

注
1) 動画（3本）は、HICEのYouTubeチャンネルに限定公開している。
   https://youtu.be/hpzo64oNNi0
   https://youtu.be/WzcJE7W5c0w
   https://youtu.be/-BJTkkFk1Rk
2) 浜松市立高校インターナショナルクラスは、市内に在住するブラジル人が2万人を超え、帯同する子どもが増えたのを受け、2007年度に設置された。学ぶ意欲のある外国人に、その持てる力を最大限発揮することのできる高等学校を用意し、将来、母国と日本の「架け橋」となり、「世界都市・浜松」の発展に寄与する人材を育成する就学システムを整備することが目的だった。1年目は少人数クラスで週1回、放課後にポルトガル語の授業を実施していた。ブラジル以外のルーツを持つ子どもが増えたことや、県立高校での外国人選抜の導入を受け、インターナショナルクラスは2021年度の募集を実施せず、同年3月31日で廃止された。
3) COLORSの最新の活動についてはFacebookページ参照　https://www.facebook.com/hamamatsucolors

第10章
神戸市の取り組み

神戸市市長室国際部国際課

（1）神戸の国際化の歴史と多文化共生の土壌

　神戸市は、日本列島の中央に位置する国際港湾都市で、外国との人・もの・情報が往来する結節点として、神戸港と共に発展してきた。

　神戸港は、3世紀頃には、すでに中国大陸や朝鮮半島との交易拠点の一つとなっている。江戸時代には鎖国政策のため外国貿易は途絶えたが、その間も政治の中心である江戸と、経済の中心である大阪と全国を結ぶ港湾拠点として繁栄した。

　江戸時代末期には日本が開国し、1868年1月1日に国際港として開港した。その後、「外国人居留地」や「雑居地」が誕生、欧米諸国の商館、領事館や住宅等が立地し、諸外国の文化の窓口・発信地となった。また神戸港を中心に造船、鉄鋼といった重工業や紡績やゴム等の軽工業が発展していった。

　このような歴史的背景から、市内には古くから様々な外国人コミュニティや宗教施設、外国人学校や外国人専用墓地、多言語対応の医療機関等の国際インフラが整備されてきた。それらが神戸に外国人を惹きつけ、神戸に暮らす外国人の生活の支えとなってきた。

　神戸市の外国人を取り巻く状況の大きな転機となったのが、1995年1月17日に発生した阪神・淡路大震災であった。日本語能力が十分ではない外国人住民が孤立する中、それを支援するボランティア活動が市民の間で広がった。こうした動きが新たな外国人支援団体や外国人コミュニティの誕生につながり、草の根レベルでの地域国際化のネットワークが形成された。NPOなど民間レベルでの支援もまた、外国人の生活を支え、外国人住民の暮らしやすいまちづ

くりの基礎となっている。

（2）神戸市における多文化共生推進の方向性

国際都市として発展してきた神戸市は、古くから多様な外国人を惹きつけてきた。さらに近年は、アジア地域の所得向上や社会の安定化を反映して、アジア諸国から日本で勉強したり、仕事を求める人が急増し、一層の多様性をもたらしている。

市内には、2021年3月末現在、138か国48,211人（神戸市人口の約3.2％）の外国人の方が暮らしている。2019年4月には、外国人労働者の受け入れ拡大に向けた新たな在留資格（特定技能1号・2号）が創設されるなど、市内企業の人手不足を背景に今後もアジアからの転入を中心に外国人住民が増加すると見込んでいる。

そこで、神戸市では、2016年3月に、神戸市の今後の国際戦略を示した「神戸市国際交流推進大綱」（以下「大綱」）を策定した。大綱は「国際交流」、「多文化共生」の2章立てとなっており、第1章では、「相互利益・シティプロモーションにつなげる国際交流」として、経済交流を通じた市内経済の活性化および海外都市とのネットワーク構築による対外的なプロモーションの推進に向けた指針を掲げている。また、第2章では、「外国人住民支援・多文化共生による地域の国際化」として、神戸の財産である豊かな国際インフラを活かしながら、外国人住民支援策をさらに充実させることで、多様な外国人が住み活躍できる多文化共生のまちを実現し、もって国際性豊かな都市としての魅力を向上させることを目標として掲げている。

神戸市では、第2章で掲げた目標に向けて、市内の外国人コミュニティの代表者を委員とする「神戸市外国人市民会議」（2003年度設置）において多分野にわたる提言もいただきながら、外国人コミュニティや外国人学校など、豊かな国際インフラ等とも連携しながら、庁内横断的な体制の下で各種多文化共生事業を検討・実施してきた。

その中で、様々な文化的背景を持つ人々が暮らすことの多様性を肯定的に捉え、多文化共生施策を創造的な社会を構築するための基盤として捉えなお

す「インターカルチュラリズム」の考えに注目し、新たな政策形成へのヒントを得ることを目的に、神戸市の若手職員がバルセロナ市（スペイン）、ベルリン・ノイケルン地区（ドイツ）、フランクフルト市（ドイツ）、ソウル市（韓国）といった海外の先進都市の事例の調査・研究を実施した。

このほか、神戸市の多文化共生の推進に関する方向性を改めて確認し、市民と一体となって進めていくことを目的に、「神戸市外国人に対する不当な差別の解消と多文化共生社会の実現に関する条例」を 2020 年 4 月に施行した。

本条例では、「外国人に対する不当な差別を解消し、およびすべての人の尊厳が尊重されるまちづくりを進めるよう努める」ことを全市民の責務として確認すると共に、「相談体制」・「教育」・「啓発」・「情報提供」の 4 つの分野で取り組みを進めることを定めている。

（3）神戸市の多文化共生事業

前節で述べた神戸市の方向性を踏まえ、①情報発信・相談体制の充実、②日本語学習の支援、③相互理解・交流の促進の 3 つを施策の柱に掲げ、庁内横断的な体制のもと施策の検討・実施を進めている。

①情報発信・相談体制の充実

外国人が日本で生活する上で、生活文化や制度の違いにより、ごみ出しルールや駐輪マナー、国民健康保険の低収納率といった地域課題が生じている。

そこで、「外国人住民に対し、必要な情報をいかに分かりやすく、効果的に伝えるか」をテーマに、生活情報・行政情報の多言語での提供や、生活ガイダンス事業の実施、日本語学校向けの行政情報説明会の実施など、外国人住民向けの情報発信の充実に取り組んでいる。

また、外国人住民が困ったときの相談体制の充実として、神戸市の外郭団体で、在住外国人支援の中心的な役割を担う「神戸国際コミュニティセンター（以下 KICC）」において 11 言語による外国人向けワンストップ相談窓口を設置している。KICC では外国人コミュニティと連携して市内公的機関への三者・同行通訳サービスを提供し、各機関における相談業務を支援している。外国人住民の多い区役所では多言語対応スタッフを配置し、外国人住民の相談等

に対応している。

　このような多言語による情報提供の充実に加え、近年は「やさしい日本語」の本格的な活用について検討を進めており、外国人が神戸で安心して生活できる環境整備の充実を図っている。

②日本語学習の支援

　外国人が地域社会で生活していく中で、日本語が不自由なために、日本人や地域社会とコミュニケーションが疎遠となったり、日本の生活文化や習慣、制度を理解することが難しいという課題がある。

　そこで、「外国人住民が地域で自立・共生していくために必要不可欠となる日本語について、いかにその学習機会を用意し、結び付けていくか」ということを念頭に、文化庁の「地域日本語教育の総合的な体制づくり推進事業」を活用しながら、官民連携による総合的な日本語教育体制づくりに取り組んでいるところである。

　具体的には、ボランティアでは対応が難しい日本語初級者を対象とした日本語教師による公的な日本語教室を開催すると共に、日本語初級レベル修了者の日本語学習の受け皿として、地域のボランティアによる日本語教室のネットワーク化や教室開催支援に取り組んでいる。こうした取り組みを通じて様々な外国人住民の日本語学習ニーズに応じた適切な学習環境を提供している。

　また、神戸市では、日本語に不慣れな児童生徒が、学校生活に慣れ、授業にスムーズに参加することができるように、小中学校へ母語の話せるサポーターの派遣を行っている。これと併せて、日本語の学習支援も行っている。具体的には、公立小中学校の一部に日本語や母語を学ぶ JSL 教室を設置しているほか、2020 年からは、児童生徒の日本語指導に関する専門窓口として「こども日本語サポートひろば」を設置し、市内のすべての公立小中学校を対象に、アウトリーチ型の母語支援・日本語学習支援も実施している。

　外国人住民がますます多様化する中で、日本語学習支援の果たす役割もますます重要になっている。KICC を中心に、地域日本語教室や企業などとも連携した総合的な支援体制の構築が急がれている。

③相互理解・交流の促進

　外国人住民が地域社会と共生するためには、言葉の壁を踏まえつつ、「外国人住民の孤立を防ぎ、日本人と外国人の相互理解・交流の機会をいかに作るか」という課題に取り組む必要がある。

　神戸市では、こうした観点から、2019 年 6 月に、「地域とともに進める、多文化共生の国際交流施設」として「ふたば国際プラザ」を開設した。プラザでは地域コミュニティとのイベント共催や、地域住民を講師として招いた日本文化体験イベントなど、外国人と地域住民との交流を促進している。

　その他、多文化共生関連をテーマにした市民向けセミナーである「国際理解のための市民講座」や様々な国の文化・伝統に触れることのできる交流イベント「多文化共生フェスティバル」の開催、市内在住の外国人留学生に「多文化交流員」として、地域行事に参加いただき、通翻訳や情報発信を行ってもらう「多文化交流員」による交流支援など、市民の異文化理解を深める機会を設けている。

　こうした交流機会に触れた方からは、隣人である日本人・外国人に対する学びや気づき、共感に関する感想を多くいただいている。さらにその後、継続的に各種事業に参加していただいたり、そこでできたつながりから新たな連携事業に結び付いたりしている。神戸市ではこのように、各種交流事業を通じて、単にその場限りの交流機会の創出に留まることなく、相互理解を醸成し、継続的な交流の契機となる形で事業を実施することで、日本人と外国人が共に生活することのできる地域づくりにつなげていきたいと考えている。

（4）具体的な取り組み

① 日本語学習支援

　本節以降では、神戸市が現在特に力を入れている取り組みを 3 つ紹介したい。

　1 つ目が日本語学習支援である。多文化共生社会において最も重要な要素の 1 つは、異文化の住民間で「コミュニケーション」があることである。その鍵となるのが「日本語」である。多くの外国人住民が日常生活レベルの日本語を学習することにより、住民間での簡単なコミュニケーションや日本語による情報の取得が可能となる。

これまでは、市内に 24 カ所ある地域日本語教室や KICC でのマンツーマンの日本語学習支援（300 組超／月）が日本語学校や大学等の教育機関に通えない日本語学習者の受け皿となってきた。しかし、近年急増・多様化する外国人住民の日本語学習のニーズに対応しきれず、日本人や地域社会とのコミュニケーション不足や日本社会の文化的習慣や制度などの理解不足といった課題が顕在化している。

　そこで、新たな日本語学習支援体制づくりにあたり、まずは市内の地域日本語教室にヒアリングを行った。その中で、課題として浮かび上がってきたのは、次の 3 つである。

　①教育機関で体系的に日本語を学習したことがない日本語初級者の支援

　②ボランティアの高齢化・不足や教室開催費用の確保といった持続可能性

　③日本語学習支援を必要とする外国人への広報

　KICC では、日本語学習関係者による「総合調整会議」を設置すると共に、日本語教育有識者をコーディネーターとして配置、日本語学習支援施策を総括し、必要な施策等を企画・実施する「地域日本語サポートセンター」を新たに設置した。本センターが中心となって、これら 3 つの課題に対応する 3 つの事業を主に実施している。

ア）初級日本語クラスの開講

　日本語学習の導入から神戸で暮らすのに最低限必要となる日本語レベルまでを公的に保障することを目的に、専門の日本語教師による初級レベルの日本語クラスを無料で開講している。実施にあたっては、日本語学習希望者の多様な生活スタイルにできる限り対応するべく、託児付きや夜間、オンラインなど、多様な時間や形態のクラスを用意している。

イ）地域日本語教室との連携・開催支援

　初級日本語クラスを修了した学習者を地域日本語教室につなぎ、その後の継続的な日本語学習支援や、外国人を地域社会に包摂するための取り組みを行ってもらうため、年 2 回の連絡会議の開催や各教室の訪問など、地域日本語教室との連携強化に取り組んでいる。また、地域日本語教室の持続的な開催を支援

するため、担い手確保・育成を目的としたボランティア養成講座等研修の開催やボランティアのための相談業務を実施すると共に、地域日本語教室を対象とした助成金事業を実施している。

ウ）日本語学習支援に関するネットワークの強化

　神戸市内には、日本語学習の必要性を感じていながらも、学習の機会にたどり着いていない外国人住民が少なからず存在すると考えられる。そのような潜在的な日本語学習希望者を掘り起こし、日本語学習機会につなげていくため、市内の日本語学習支援関係者や外国人住民とつながりの深い機関とのネットワーク強化に取り組む。このネットワークを通じて、外国人住民の日本語学習ニーズに関する情報収集と、外国人住民への支援事業の周知を図る。

　地域日本語サポートセンターでは、そのほか、雇用する外国人への日本語学習支援に取り組む企業や外国人在校生が急増している夜間中学校への日本語教師の派遣や、外国人住民が日本語を生涯学習として自律的に取り組めるよう学習評価ツールの作成や日本語学習アドバイジングを行っている。

　このように、神戸市では地域日本語サポートセンターを中心に、日本語学習を希望する様々な外国人住民のニーズに応えられる日本語学習機会を創出すると共に、外国人住民に周知するために、外国人住民あるいは日本語学習に関する様々なステークホルダーを巻き込んだ総合的な日本語学習支援体制の構築に取り組んでいる。

②やさしい日本語の活用推進

　本節では、2020 年度から本格化したやさしい日本語の活用推進の取り組みを紹介したい。

　外国人住民への情報発信といった場合、多言語対応が一般的であるが、翻訳スタッフが一定期間に翻訳できる情報量・時間、対応できる言語数など一定の限界がある。

　一方で、国や公的機関の行ったいくつかの調査[1]によると、日本で生活する外国人が母語以外で最も使用している言語は日本語であることが分かっている。多様な外国人に配慮して、難解な言い回しを排除し、できる限り平易な用

語を活用することで、外国人にも広く理解してもらえるよう考案されたのがやさしい日本語である。多言語対応とやさしい日本語を組み合わせることで、より多くの外国人住民に情報を適切に届けることができると考えている。

　やさしい日本語であれば、日本人なら誰でも基本的な考え方やルールを少し学ぶことで、翻訳スタッフの手を借りることなく、自ら情報発信することができるようになる。やさしい日本語を活用することで、より多くの情報を迅速に発信することができるようになり、特に現在のコロナ禍のような緊急事態では大きな効果を発揮する。

　もちろんやさしい日本語にもデメリットはある。たとえば、口座振替のような一部の外国人住民にはなじみのない概念など、平易な日本語では説明が難しい場合もあるし、そもそも日本語が全く分からない人には情報を伝えることができない。そのためには外国人住民の日本語能力の向上も併せて支援する必要があり、前節の日本語学習支援と対になる取り組みである。

　神戸市では、これまでの多言語対応の充実を継続していくと共に、外国人住民の日本語学習支援の確保と並行して、まずは神戸市役所が市民向けに発信する文書から、やさしい日本語に取り組んでいくことにした。

　取り組みにあたり、やさしい日本語の外国人の文章理解に対する効果検証と、取り組み手順やポイントを整理するため、やさしい日本語の活用に関するモデル事業を実施した。また、やさしい日本語とそれに対する共感を、神戸市および日本社会に広げるため、モデル事業の実施にあたっては、朝日新聞社によるインターネットニュースサイト『withnews』において、上記取り組みについて、その結果だけではなく、その取り組みの過程を中心に、取り組む職員の生の声を連載・発信した[2]。

　モデル事業では、まず、外国人にも関係の深い制度に関する既存の説明資料について、やさしい日本語版資料を作成した。そして、従来の資料とやさしい日本語版資料それぞれを、市内の日本語学校に在籍する外国人留学生（104名）に読んでもらい、その理解度を測る確認テストを実施して、その結果を比較分析することで、やさしい日本語の効果を検証した。表1は外国人留学生による確認テストの結果であり、外国人の文章理解にやさしい日本語が有効なことが分かる。

表1. モデル事業における外国人留学生の確認テストの結果

		従来	やさしい日本語
正答率		44%	65%
日本語能力別正答率	初級者	13%	50%
	上級者	70%	95%

　また、日本語能力上級者（N1、N2）の結果を見ると、日本語能力上級者であっても、従来資料の正答率は70％に留まっている一方で、やさしい日本語資料では95％にまで上昇している。役所の発行する文書は、堅苦しい表現方法や専門用語、そして記載している情報量の多さから、母語話者にとっても分かりにくいということがよく言われるが、やさしい日本語は母語話者にも効果があることを端的に示している。

　上記モデル事業を通じて分かったこととして、やさしい日本語の実践において最も重要なことは、単に日本語表現を置き換える小手先のテクニックではなく、情報の受け手の立場から発信のあり方を見つめ直すことであった。そしてその受け手の中には日本語が苦手な外国人も含まれていることを認識するマインドを醸成することであった。実際、モデル事業でやさしい日本語を実践するときに一番力を割いたのは、記載する情報の整理やレイアウトの工夫という部分であり、外国人向けに日本語表現を工夫したのはごく一部であった。

　読み手に配慮し、寄り添うというやさしい日本語の考え方は、外国人に限ったことではなく、すべての市民にメリットがある。日本語能力というハードルから、情報収集において課題を抱える外国人住民に配慮し、その視点から既存の情報発信を見直すことで、すべての市民にとって分かりやすい情報発信を実現することができると考えている。

　上記モデル事業の結果を受けて、次のステップとして、2022年度2つの取り組みを進めている。1つは、特に外国人住民にも関連の深いサービスを提供する部署の担当者に集まってもらい、既存の市民向け文書を対象に、外国人住民も含む市民目線で見直しを行い、やさしい日本語で作成し直していく取り組みである。もう1つは、日本語教師や外国人住民に「やさしい日本語アドバイザー」に就任してもらい、神戸市の各部署が新たに市民向けにやさしい日本語で情報発信する際に、発信内容等について相談できる体制を確保する取り組みである。こうした取り組みを通じて市役所内でやさしい日本語を浸透させてい

きたい。

　将来的には、やさしい日本語の考え方を市役所内だけではなく、広く社会におけるコミュニケーション全般に浸透していくことを目指したい。そのことが日本人住民と外国人住民の潤滑油となって地域でのコミュニケーションが促進し、多文化間での相互理解と共生の実現につながると考えている。

③新型コロナウイルス感染症に関する対応

　最後に、現在最も緊要な課題であるコロナ対応における外国人住民への支援事例を紹介したい。

　新型コロナウイルス感染症の感染拡大に際して真っ先に取り組まなければならないと考えたのは、コロナ関連の情報が届きにくい外国人住民に適切かつ正確に情報提供することである。

　神戸市では、日本語が苦手な外国人住民でも入手しやすいように、関連情報をやさしい日本語を含む多言語に翻訳して、神戸市ホームページのトップページに設置した新型コロナウイルス感染症の多言語特設ページに一元的に掲載している。さらに、このサイトを活用してもらうため、外国人関連団体（市内外国人コミュニティや支援団体、日本語学校、外国人雇用企業等）と連携し、外国人住民へ周知した。このほか、各種関連コールセンターも多言語対応させ、同様に周知を図った。

　感染拡大防止に大きな効果が期待できる新型コロナワクチンにおいては、希望する外国人住民の方にも積極的に接種いただくため、ワクチン接種の案内から接種完了まで一貫した支援を行っている。

　具体的には、ワクチン接種予約を支援する多言語によるマニュアル動画を上記多言語特設ページに掲載した。また神戸市の設置するワクチン接種に関するコールセンターの多言語対応に加えて、外国人住民がより身近なところで相談対応できるよう、KICC および市内外国人コミュニティにも適宜関連情報およびFAQ を共有し、外国人専用の多言語相談窓口として対応している。

　さらに、上記対応を確実に外国人住民に届けるため、接種券配布時には、外国人専用の接種券送付封筒を作成し、多言語特設ページや相談体制について多言語で案内するチラシを同封して送付した。

また、健康や日本語能力に不安のある外国人住民にも安心して接種いただけるよう、すべての接種会場にリモートで三者通訳対応が可能なタブレットを配置すると共に、大規模接種会場には市内 NPO 法人との連携のもと、専門的な医療用語にも対応できる医療通訳者を配置している。

　コロナ禍のような緊急時の対応は、国籍等にかかわらず、すべての住民が手を携え、一丸となって臨まなければならない課題であり、都市の多文化共生力が最も問われる場面である。これらの取り組みの効果・有効性は、あらためて結果を分析し、課題整理を行う必要があるが、少なくとも災害時等における対応モデルの１つにはなったのではないかと考えている。

（5）今後の展望

　神戸市では、多様な外国人が住み活躍できる多文化共生のまちを実現し、もって国際性豊かな都市としての魅力を向上させ、地域社会の活性化に寄与することを目標に、その歴史の中で育まれてきた豊かな国際インフラ等を背景に、以上のような各種多文化共生の取り組みを進めてきた。

　このような取り組みをさらに拡充しいくため、2021 年 10 月に KICC の拠点再編を行った。具体的には、本部機能を、外国人住民が多く、外国人支援団体や外国人コミュニティが集中する長田区に移転すると共に、同じく外国人住民が多い中央区と東灘区に、日本語学習支援の拠点を設けた。これにより、外国人住民の利便性をより一層高めると共に、外国人支援団体やコミュニティとの連携を一層深化させ、支援の充実を図っていく。また、DX の推進を図り、留学生などデジタルネイティブにも支援情報にアクセスしやすく、支援団体からもニューカマーにアウトリーチしやすい仕組みづくりや、コミュニティの形成、外国人の意見を反映した政策立案などへのデジタルのさらなる活用も検討していく。

　今後とも、外国人に住みやすいまちづくりの実現と外国人が活躍できるまちを目指していきたい。

コラム❽ 神戸市役所の若手職員による調査について

　2019年度に、神戸市の若手職員4名がチームを組み、市役所内の政策研究助成を利用し、「インターカルチュラルな共生施策の構築に向けて〜移民統合施策の国際比較を通じて〜」をテーマに調査を行うとともに、市に対する政策提案を行った。このコラムでは私たち調査チームから、視察で得た他都市の情報や取り組みの一部と、それに対する所感を共有したい。調査の背景事情としては、当時外国人住民が右肩上がりで増加していた中、地域ではゴミの分別や騒音等をめぐるトラブルが徐々に顕在化しつつあったこと、一方で外国人住民の側からも、職場以外で地域の日本人と関わることが少ない、日本語能力が不十分でうまく日本人とコミュニケーションが取れないといった声が聞かれており、日本人住民と外国人住民の間の分断に対する危機意識が高まりつつあったことがあげられる。こうした状況を打開、あるいは予防するためには、当時中心的に行っていた外国人住民に対する多言語での情報提供や支援といった多文化主義的なアプローチでは不十分であり、近年とりわけ欧州において注目されている、多様性を肯定的に捉え、多文化共生施策を創造的な社会を構築するための基盤として捉えなおす「インターカルチュラリズム」の考えに基づいて実施されている先進都市の事例を調査・研究することが新たな政策形成に有効と考えられた。そこで、バルセロナ市、ベルリン・ノイケルン地区、フランクフルト市といった欧州各都市を調査すると共に、欧州評議会のICC事務局（ストラスブール）を訪れ、ICCプログラムに関する基礎調査を行った。実際に現地を視察し、各政策担当者と意見交換することで、各施策に込められた思いや背景について深く理解することができ、国際的なネットワークを構築できたことの意義は大きいと考えている。以下調査の内容について簡潔に紹介する。なお日本と比較的状況の似ている韓国・ソウル市において、言語教育に関する調査も併せて行ったが、ここでは割愛する。

（1）バルセロナ市

　神戸市の姉妹都市でもあるバルセロナ市では、同市の異文化教育拠点であるアビニョン・スペース（Espai Avinyó）を訪問し、「反うわさ戦略」を中心と

する同市の戦略について政策担当者にヒアリングを行った。また同市顧問として戦略づくりに携わったダニ・デ・トーレス氏にもお話しを伺い、戦略形成の背景事情や、「うわさ」に着目するという独創的な発想に至った経緯についても深く理解することができた。同市が反うわさ戦略を市民に広めるために作成している啓発ツールはデザイン性に富み、効果的な広報について考えるうえで参考になる。

（2）ベルリン・ノイケルン地区

ノイケルン地区は住民の約半数が移民としてのバックグラウンドを持っており、街を歩くだけでその多文化性は十分に感じ取れた。ノイケルン地区が取り組んでいる事例の中で最も成功しているのが「地域の母親（Stadtteilmütter）」である。移民の女性が新しく移民としてやってきた母親の相談相手になるというプログラムで、新しく来た移民女性がコミュニティに入る手助けとなるだけでなく、労働市場に出にくく、社会的に排除されがちな移民家庭の母親たちの雇用の入口にもなっている。移民と地域をつなぐ架橋の存在は今後神戸においてもますます重要性が高まることが予想され、参考にすべき点が多いと感じた。またバルセロナの反うわさ戦略と同様に、ノイケルンも ICC のネットワークを活用した発信に取り組んでおり、他の欧州各国に同種の取り組みが広がっていることも印象的であった。

（3）フランクフルト市

フランクフルト市では、移民の定住を、人口減少対策としてだけではなく、多様性のある社会に潜在する可能性に着目すると共に、市レベルの統合施策のモデルを形成する良い機会と捉えてきた。そして、市長直属の移民統合のための部局としてはドイツで最初の試み（1989 年設立）であった多文化局（AmkA）を核に、「フランクフルトモデル」をつくりあげてきた。視察時には多文化局が運営するコミュニティセンターでお話を伺ったが、そこでは健康、教育、文化、言語などあらゆる面で支援が行われていた。同市の取り組みで印象的だったのは、職員採用において、学歴ではなくインターカルチュラル能力を重視しているという点である。こうした能力はまだ日本の行政機関では明確

に評価されることが少ないと思うが、今後ますます多様化する社会をマネジメントしていくうえで自治体職員に求められる能力になってくるのではないかと思う。

（4）欧州評議会 ICC 事務局

　ICC においては、代表のイヴァーナ・ダレッサンドロ氏（写真右より 2 人目）より ICC 設立の背景にはじまり、同プログラムが加盟都市に提供するサービスまで幅広くお話を伺った。欧州以外の都市も受け入れている理由として、状況の違う都市同士を比較することが効果的なことが多いという点を挙げられ、特に急速に状況が変化している日本の状況には注目していると話されていた点は印象的だった。

注
1) 例えば、「生活のための日本語：全国調査」（国立国語研究所、2009 年）では、「日常生活に困らない言語」として、1 位：「日本語」61.7%、2 位：「英語」36.2％となっているほか、「東京都在住外国人向け情報伝達に関するヒアリング調査」（東京都国際交流委員会、2018 年）では、「希望する情報発信言語」として、1 位：「やさしい日本語」76%、2 位：「英語」68％となっている。
2) モデル事業の詳細および『withnews』での連載については以下 URL を参照。
　 https://withnews.jp/articles/writer/564/1

第11章
神戸市長田区の官民連携
2013年の提言とその後

吉富志津代

(1) はじめに

　神戸市長田区は、1995年の阪神・淡路大震災で特に甚大な被害を受けた地域である。この大震災は都市を中心に襲い、6,434名もの尊い命が失われた。復興には長い時間を要することとなり、多くのボランティアが世界中から駆けつけ、その年は「ボランティア元年」とも言われた。そして被災者が多様な住民であることへの気づきから、「多文化共生」という言葉が全国に広がる契機にもなった。その復興のまちづくりの過程において、被災者が誰も排除されることなく、また多様性を活かした新たなまちづくりに向けた多くの取り組みが生まれ、現在も試行錯誤を繰り返しているところである。

　そもそも被災地は、神戸港開港150年の歴史において多くの外国人を受け入れてきた地域であり、様々な外国ルーツの住民たちと紡いできた歴史的事実がある。神戸市中央区には生田神社や本願寺神戸別院、カトリック神戸中央教会などのキリスト教の教会以外に、日本で最初に建てられた神戸ムスリムモスク（イスラム教）をはじめ、バグワン・マハビールスワミ・ジェイン寺院（ジャイナ教）、関西ユダヤ教団シナゴーグ（ユダヤ教）など、世界の14もの宗教施設がある。宗教に対して、比較的寛容な背景があった。

　大震災当時、特に神戸市長田区にはもともと外国籍の住民が多く、在日コリアンや、1980年以降に日本が難民として受け入れたベトナム出身の住民たちを中心に、人口の約10%が外国籍だった。日本国籍取得者も含めると、外国にルーツを持つ住民が多い地域だったと言える。その住民たちが大震災ではみ

んな同じ被災者となり、復興のまちづくりに少しでも多くの住民の力を必要
とすることから、被災者支援活動の一環として、多様性を尊重し少数者の視点
を重視するための市民活動も生まれた。その現状が拍車をかけるように、1998
年には日本にも「特定非営利活動促進法（NPO 法）」が成立し、施行された。
多文化共生のまちづくり活動を含めて、長田区に拠点を置く市民団体は特に多
い。

　外国ルーツの住民の対等な社会参画を目指し、言葉、制度、こころの壁を取
り除くための具体的な活動として、まずは、母語による相談窓口や情報の多言
語化の促進と日本語習得の機会創出、そして外国ルーツの子どもの教育環境整
備、入居差別や就職差別などの差別の是正、医療通訳制度などの各種制度づく
りに向けた活動、外国につながる歴史認識も含めた交流の機会の創出など、経
験に裏付けされた多岐にわたる活動を展開している。

　そのような地域で、「インターカルチュラル・シティ」という言葉で世界に
広がりつつある、多様で包摂的なまちづくりの理念は、まさに実施してきたこ
との道筋をさらに拓くものであり、行政と市民団体の協働のイメージをより
具体的に共有できるものとして、注目に値するものと感じている。この章では、
そのテーマでのセミナーの機会を活用して、行政と市民団体の協働のきっかけ
をクローズアップするための提言活動を 1 つの事例として紹介していきたい。

（2）多様性を活かしたまちづくりのための提言活動

①具体的な提言活動に至る背景

　大震災からの活動のつながりを通じて、2013 年 5 月に国際交流基金より、
神戸市での公開セミナー開催について、神戸市長田区に拠点を置く「たかとり
コミュニティセンター」で活動している筆者のところに協力依頼がきた。公開
セミナーのタイトルは、「多様性を活かしたまちづくり・ひとづくり」とされ、
スピーカーは、移民や少数者がもたらす多様性を活かした都市づくりをすすめ
る欧州評議会のインターカルチュラル・シティ・プログラムのアドバイザー
であるフィル・ウッド（Phil Wood）氏（都市政策専門家）と、インターカル
チュラル・シティ・プログラムに参加するイタリアのレッジョ・エミリア市の
イニシアティブで創設されたモンディンシエーメ・インターカルチュラル・セ

ンター（Mondinsieme Centro Interculturale）のプロジェクト・マネージャーであるニコレッタ・マンズィーニ（Nicoletta Manzini）氏で、今後の長田区の活動への示唆を期待できるほか、この機会を活用して、まちづくりに関わる市民団体と行政の担当部署が共に今後の展望を協議する場にしたいという思いから、提言を目的とした実行委員会結成を呼びかけた。

　呼びかけに応じた参加団体は、長田区に拠点を置く、多文化共生のまちづくりを目指す NPO 法人、まちの活性化を推進する地縁組織や商工会議所、民間組織、加えて外国人同胞の自助活動を実施する外国人コミュニティ、大学や小学校などの地域の教育機関、行政（長田区、神戸市、兵庫県）の担当部署などで、会議には当時の長田区長も参加した。実行委員会は、7 月の公開セミナーの前、セミナー当日、セミナー後の提言提出までに分けて協議の場を持ち、メールでの具体的なやりとりを継続しながら、2014 年 3 月の提言の実施に至った。

　まず、1 回目の会議（2013 年 6 月 18 日）では、国際交流基金から今回のセミナー開催の経緯・趣旨説明があった。国際交流基金は、世界中の人の移動に関して日本と諸外国の共通課題を認識して、多文化共生に向けたまちづくりを目指し、2009 年より欧州評議会と協力して、海外と日本の研究者や首長などの交流のための会議を実施してきた。しかし大きな会議だけでは消化不良となり十分な議論ができないため、今回は名古屋、神戸、福岡、新宿の 4 カ所でのセミナーに欧州から 2 人だけを招待した。2 人は、多様性はコミュニティにとってアドバンテージになるという観点から話をするので、これをテーマに現場で活躍している地域住民とのディスカッションの機会を作りたいという説明であった。

　前述したように、長田区は大震災からの復興のまちづくり活動に多文化共生を目指す活動が協調していく形で、様々な形の市民活動が活発な地域である。例えば、相談窓口設置、情報の多言語化、同行医療通訳という基本的な支援活動にとどまらず、下町文化を活かしたアートによるまちづくり、IT を活用した多メディアによる多言語での発信活動、アジアの食文化を取り入れた市場の活性化、在日コリアンとのまちづくりの歴史を伝える生活写真展の開催、外国ルーツの子どもたちの就学・進学支援や学習支援、継承言語（ベトナム語、ス

ペイン語、ブラジルポルトガル語など）の学習機会の創出、外国出身の高齢者のための介護施設の運営など、基本的な社会保障から住民が誰も排除されないためのサポートに加えて、戦前日本の負の歴史も認識しながら、多様性がまちの強みになることを発信するためのくふうを凝らした活動を継続している。

そこで、当時の長田区長の大下勝氏からも、今後の展望について行政が作成するのではなく、住民からの多様性を活かしたまちの活性化という提案をしてくれたら嬉しいという趣旨の発言があり、長田区の住民の声を活かした今後の長田区の多文化共生に関する提言として、今回のセミナー後の全体議論を長田区の指針と展望につなげることにするという実行委員会の趣旨が共有された。また、外への発信だけではなく、内なる発信として長田区民への発信をするべきで、自分のまちに対する愛着や自尊感情を育て、自分のまちを誇りに思う世代をどう育てていくかが大切であるとの意見も出された。そして、多様性だけの議論では、ともすればそれぞれが孤立した形での存在になるが、長田区民は「長田人」としての共通項を探すために、この提言の目的は課題と共に将来の展望を見いだすことだという意見も一致した。

セミナーは、2013年7月6日に開催され、2人の講演の後に、モデレーター（筆者）を含めて21名のラウンドテーブルのうち外国ルーツの住民6名からの報告と、兵庫県、神戸市、長田区の行政・教育機関や大学からの具体的な取り組みが紹介され、テーブルを囲む形で参加した約50名の地域住民たちも含む活発な協議の場となった。

欧州の事例紹介や、その後のラウンドテーブルでの協議を受けて、現状での課題や取り組みについて質問もあり、特に外国ルーツの子どもの言語やアイデンティティに関わる教育環境についての質問は多かった。その他の意見を以下にまとめる

- 「多文化主義」が文化やアイデンティティの独自性に力点を置いているのに対して、「インターカルチュラリズム」が融合に力点を置いており、基調講演では、多様な人たちが共通の目的を持つことが重要だと強調されていた。
- 「インターカルチュラル・シティ」というアイディアは、欧州における古くからの都市の伝統をひきついでいて、古くから「よそ者」を受け入れ続

けてきたが、「よそ者」が都市で生き延びるには、そこでの共通語を習得し近代市民社会の法に従う必要があった。裏を返せば、都市に暮らす様々な母語の人同士がコミュニケーションをとり、多様な利害を調整するための妥協点が、共通言語と法だったと言える。

- 一方で長田のまちづくりの理念については、異なる2つ以上の価値観を両立させるには、はっきりした理念がうちだされていることが必要で、「ここにはこういう"まち"が生まれる」という看板をはっきりさせる必要があり、対話を積み重ねることで、マイノリティ、マジョリティということを超えて、それぞれの人たちが持っている「個」が見えて「個」の持つ歴史や気持ちを大切にすることで、無数の「個」が根づいている「地」があらわれてくるのではないか。

　このような意見をもとに具体的な提言作成の協議の場を経て、できれば提言の内容は広く発信できる形のパンフレットになることも想定して作成にかかった。

図1. セミナー、ラウンドテーブル

②提言の内容

　提言の内容について、ここにその全文を紹介しておきたい。なおメンバーの所属名などは2013年当時のものである。

〈趣旨文〉

長田区長 鈴木 雅子 様

2014 年 3 月

長田の未来を考える有志一同

2013 年 7 月に長田区で開催された公開セミナー、「多様性を活かした
まちづくり・ひとづくり」の参加者からながたのまちづくりに関心が寄
せられ、ながたの未来を考える有志が集まりました。意見交換がなされ、
以下のように提言としてまとめ、今後の中期計画に反映させていただけ
るよう、長田区へ提案することになりました。

「ひと」に歴史があるように「まち」にもそれぞれの歴史があり、私た
ちが生活を営む「ながた」にも、また特徴的な歴史があります。「ながた」
のまちづくりを考える上で、ながたの礎の歴史をひもとき、それら
について為政者をはじめ市民、区民に共通の認識を持ちつづけることが
重要であり、よりよい未来のために必要なことだと考えます。

「ながた」には世代を越えて住み続ける人々が多く、過去の記憶は人々
の語り部の節々にあらわれます。しかしながら、記憶は忘れ去られ、伝
説やうわさにしか反映されません。ながたが培ってきた歴史の財産を大
切に守っていくためには、まず何がながたの財産なのかを知らなければ
なりません。それらを可視化していく作業が求められます。

ながたは現在も "くつのまち" として全国に名を知られています。そ
の歴史は、かつての被差別部落や朝鮮半島から渡ってきた人たちと深い
関わりがあります。特に戦後は、ゴム工場からケミカルシューズ工場に
移り、ながたは 1980 年以降来日したインドシナ難民などの日本語を話せ
ない外国人でも働くことのできる地域となっていきました。1990 年代に
なると日系南米人やフィリピン人など多様な国にルーツをもつ人たちが
合流し、ながたのまちを地域の住民とともに作り上げてきたのです。そ
こには、夢と希望や、その裏にある血と汗と涙の軌跡も含めて、さまざ
まな経験や歴史が刻まれてきたことはまちがいありません。

ながたに集う者にたいして、そしてこれからこのまちで暮らしていくだ

ろう次世代の人々に向けて、これらの歴史にふれ、お互いが尊重され、ともに歩む共通の認識を育てていくことに、具体的に取り組んでいかなければならないのではないでしょうか。阪神・淡路大震災という自然災害を乗り越えてきたこの「ながた」だからこそ、人と人のつながりの大切さを、身をもって知ったのではないでしょうか？　ながたが持っている財産は何なのか、それらを目に見える形に置き換え、再確認し、住民やここに集う人々が納得していく作業が進んでいく先にこそ、輝く「ながた」が見えてくるのではないでしょうか。この目的を達成する長、中、短期計画を以下の事業にそって実行していただきたくお願い申し上げます。

〈長田の未来を考える有志一同〉

　　金泰煥（韓国民団西神戸支部）

　　金信鏞（コリア教育文化センター）

　　神田裕（NPO 法人たかとりコミュニティセンター）

　　大城ロクサナ（ひょうごラテンコミュニティ）

　　森木和美（アジア女性自立プロジェクト）

　　ズオン ゴック ディエップ（ベトナム夢 KOBE）

　　須本 エドワード 豊（ミックスルーツジャパン）

　　金千秋（NPO 法人エフエムわぃわぃ）

　　松原マリナ（NPO 法人関西ブラジル人コミュニティ）

　　野路保正（神戸市立真野小学校）

　　中村忠司（神戸常盤大学）

　　森崎清登（長田区 UD 研究会）

　　正岡健二（NPO 法人鉄人プロジェクト）

　　宍田正幸（新長田まちづくり株式会社）

　　宮原曉（大阪大学）

　　吉富志津代（NPO 法人多言語センター FACIL）

　　松田高明（神戸市）

　　大野利彦（公益財団法人神戸国際協力交流センター）

　　森安秀和（兵庫県）

濱上章之（公益財団法人兵庫県国際交流協会）

樋口正和（兵庫県教育委員会）

まざれば「ながた」フォーエバー
― 多文化が息づくまち・ながたの「歴史」から「未来」へ ―

歴史を学び、知れば

ながたの歴史スポットの洗い出し、歴史的モニュメントや建物の「ながた歴史マップ」を作成

ふたば人材センターアーカイブ写真展、カフェベースの展示場の活用

語り継ぐための記録や場の設定と発信―「長田館」「情報館」「歴史展」

未来をともに語り、創造すれば

「多文化教育特区ながた」誰もが基礎的学力を身につけ、学びたいことを学べる環境を
↓
AO入試などをめざす進学塾誘致／入試への外国人枠設置

外国ルーツの子どもが日本語と母語の両方を学べる教育環境の促進

大学生の小学校への多文化出前授業／中学生への多文化アンケートの実施など

「ながた」の中のエスニックを発信すれば

新しいコミュニティ産業の掘り起こし
↓
サイネージの再活用および無料Wi-Fiエリアの拡大などインターネットを活用

古民家を活用したバックパッカー宿『ながたトラベルロッジ』の設置

エスニック要素を組み入れてパッケージ化し修学旅行／フィールドスタディ・多文化コースのアピール

「ながた芸術祭」の開催

まちの未来考えるグループ
「多文化教育特区」に
有志21人、長田区に提言

多くの外国人が暮らす神戸市長田区で「多様性を生かしたまちづくり」を進めていこうと、同区内のNPOや教育機関、朝鮮人やベトナム人の関係者らでつくる有志「長田の未来を考える会」が、同区（世話人＝吉富志津代、NPO法人多言語センターFACIL理事長）がこのほど、区内の同区に「多文化教育特区」に提言した。提言書を出した。提言したのは21人。

昨年6月から行政関係者らを交えて外国人支援施設の課題などを議論し、提言をまとめた。

区内で暮らす外国人は中長期に次いで多く、約7千人。韓国・朝鮮人やベトナム人が多く、地域の歴史を踏まえ、今後も取り組み街に人を呼び込む試みとして、空き店舗を活用した宿泊施設『ながたトラベルロッジ』の開設といった具体策を話しており、今後も産業と外国人の関わりを提案を盛り込んだ。吉富さんは「四学の観点から長田区役所などと議論を深める。（渡辺康子）

日本語と母語の両方を学べる教育環境の整備から「多文化教育特区ながた」の構想を提言。ながた、ケミカルシューズ産業と外国人の関わりなど、街に人を呼び込みも提案している。

街に人を呼び込む試みとして、空き店舗を活用した宿泊施設『ながたトラベルロッジ』を活用しながら提言を具体化していきたい」と話しており、今後も長田区役所などと議論を深める。

神戸新聞2014年3月26日朝刊

（3）提言後の長田区役所の動き

① 2021 年現在までの対応について

　提言から 7 年が経過し、その後の動きについて長田区役所に問い合わせたところ、以下のようにまとめてくれた。問い合わせに真摯に答えてくれたことに感謝をすると共に、このような提言が具現化するために、その後の 7 年という年月について検証をして、再度この内容の共有と発信をしかけていく必要があるのではないだろうか。

提言に対する長田区の取り組み（2021 年 6 月現在）　　　　　長田区役所作成

> **【提言 1】歴史を学び、知れば**
> 産業＋多文化人材の視点で、歴史をひもとき記録して語り継ぐために、今あるものから掘り起こしてながたの財産の発見へ
> ・「広報紙 KOBE 区民版」におけるながたの歴史等の紹介（2020）
> ・「ビーチサンダル発祥の地」事業（2020 ～）
>
> **【提言 2】未来をともに語り、創造すれば**
> 老若男女、異なる文化／習慣を持つ者たちが未来を語り、NPO 活動や社会貢献起業ができる場や機会づくり
> ・「ベトナム人地域共生コーディネーター」の配置（2019 ～）
> 　区社会福祉協議会と連携した地域共生コーディネーターの活用により、児童館等を巡回し、学習支援を行う。
> ・多文化共生ガーデンを「長田区地域づくり活動助成」の対象として採択（2019 ～）
>
> **【提言 3】「ながた」の中のエスニックを発信すれば**
> 新しいコミュニティ産業の掘り起こし
> ・「下町芸術祭」の開催（2015、2017、2019、2021）
> ・「多文化理解をテーマとした地域団体への勉強会」の開催（2020 ～）

令和２年度は自治会研修会において、定住ベトナム人の文化習慣について意見交換やワークショップを実施。

②提言作成のプロセスで気づいたこと

　国際交流基金のセミナー開催を１つのきっかけとして、長田区でまちづくり活動を続けてきた多くのグループが一堂に会し、このような提言をまとめたことには大きな意義があったと考える。そもそも、日常的に草の根の活動を続ける各組織にとっては、ネットワーク構築や提言といった活動の重要性は分かっていても、優先順位が低いという現実がある。今回の提言活動にも、そういった事情から参加を見送った団体がある。しかし、集まって提言内容を協議する過程を共有することが、団体同士の実際の協働の引き金となった例もあり、このプロセスが有益であることを実感できた。

　今回は、国際交流基金のセミナーがきっかけとなったが、そのような機会がなければ、なかなか提言活動は難しい。NPOの中間支援組織の活動の１つとして提言活動を位置付けた例はあるが、中間支援組織自体が主体となりがちで、活動を実施している団体の活発な意見交換に至らないことが多い。中間支援組織に頼らず、しかも各団体の活動に支障をきたさず負担にならないような形で団体に粘り強く呼びかけ主導する、現場の活動団体の中の世話人役の存在を意識したきっかけづくりが不可欠だろう。

　そして、多方面の異なる意見を調整しまとめあげるためには、短期的な目標設定とモチベーション、提言提出のタイミングを考えていかなければならず、そこには行政側の協力も欠かせない。今回、当初は提言を受け取る長田区役所の大下区長と連携して作成したにもかかわらず、区長の急な異動によって、予定していたその後の直接的な動きに影響を及ぼすこととなってしまった。

　さらに、今回の提言活動でできなかったことは、提出後の具体的なスケジュールとこまめな確認作業である。想定していたパンフレットづくりも実現できていない。本稿執筆の機会に再度問い合わせるまでは、正式な問い合わせはせず、そのままになっていた。提言後に有志が集まって確認をする機会も一度だけしか作れなかったので、長期的な確認スケジュールを含めて企画をする

べきだったと思う。

　実際、具体案の実施のためには、提言後の動きを行政に委ねるのではなく、資金などの偏りには配慮しながら、実施のための役割分担をすることで、定期的な協議の場を実現できたかもしれない。それにより、提言が形骸化しないためのモチベーションの維持も可能になったはずである。

（4）おわりに

　現在、ある外国料理のレストランの周辺地域で、そこの常連客となっている外国人たちの騒音への苦情がきっかけとなって、レストランと近隣住民の対立状態が続いている。騒音とゴミ処理問題が地域住民のトラブルの代表的な要因となるのは、どこでも同様である。その地区の自治会長からの相談に、長田区まちづくり課と市民団体が情報共有をして、解決の糸口を探っているところである。これに関わる住民たちは全員、日々の快適なくらしを望んでいるだけなのだが、それぞれの気持ちの小さなズレで誤解が大きくなり、対立構造はますます長期化しがちである。実際に地元警察へも複数の苦情が寄せられており、より大きな対立が避けられなくなることのないよう、対処に頭を痛めている。もともと日本には“折り合いをつける”という調整の文化があるが、それを異なる文化背景の相手にも当然のように求めがちで、その期待に応えてくれない相手には怒りも大きくなってしまう。そのような時に住民が頼るのは行政相談窓口か警察などになり、問題が大きくなって相手を硬化させてしまい、こじれることになる。こういった対応ができる専門の仲裁機関の設置も必要かもしれない。

　この件、2022年度には長田区がNPOに委託する形で連携して、長田区内のエスニックレストランのマップづくりに地域住民や外国人コミュニティに協力をしてもらうプロセスで、お互いを理解できるようになるのではないかと動き始めている。

　2013年の提言には、インターカルチュラル・シティを目指す前向きで具体的な内容が盛り込まれている。その裏に込められている実現のための課題を含めて、少しずつでも活動を積み上げていくことで、時間をかけて“まち”を変えていかなければならない。その実行の前提として、前述のような小さなズレ

を放置せず、根気強く気持ちをほぐしていく時間に多くの人が関わっていく必要がある。きれいごとではないし、提言を絵に描いた餅にしておくわけにはいかない。

2021年度より、神戸市の外郭団体である「公益財団法人神戸国際協力交流センター」は、法人名称を「公益財団法人神戸国際コミュニティセンター」に変更し、同年10月より、拠点を神戸市中央区から長田区に移した。多文化共生を目指す取り組みの拠点として、長田で活動する団体とのさらなる連携が必然となっている。

さらに、2021年8月に長田区役所が「混ざり合い、共に生きるまち　ながた・長田区方針2021-2025」という提言を出した。長田区の今後の方向性について、これまでの議論やヒアリングの積み重ねの中から引き出された言葉として、その内容が、2014年の提言の内容に共通しているのは当然の結果だと言えるかもしれない。

インターカルチュラル・シティに向かうための立場を越えた協働を、まさにひとつずつ積み上げていく過程で、混乱を恐れずに1人ひとりが寛容にならなければ、多様性は活かされていかないということを忘れてはいけない。その先には成熟した民主的で誰も排除されない豊かな社会があるはずで、「多様性を活かしたまちづくり・ひとづくり」に、今後も、より多くの住民の力を期待したい。

第12章
いつも、「いざ！」も"いいかげん"

広域連携で地域の国際化に取り組む
「国際交流協会ネットワークおおさか」の実践

国際交流協会ネットワークおおさか

（編集：岩城あすか）

（1）成り立ち

　大阪府内には2021年4月1日現在、行政と共に地域の国際化を推進する団体として、11の法人格を有する国際交流協会と、16の国際交流団体がある。「国際交流協会ネットワークおおさか（以下、「ネットワークおおさか」）の前身は、2002年度に始まった「大阪発・NGOと行政をつなぐ国際交流協会ネットワーク」。その名のとおり、非正規滞在者も含めて支援にあたるNGOの現場の状況を知り、行政施策につなげることを目的に組織された。2003年には多言語での相談対応のヒント集を発刊し、府内の先進事例を視察する研修会を次々と企画するなど、現在に至るまでの約20年間、1～2カ月に一度、各団体の管理職級が参加する企画会議を持っている。参加メンバーは時々入れ替わりがあるが、2021年度は8つの構成団体（6つの法人格を有する国際交流協会と池田市、和泉市）と、オブザーバーとして大阪府、堺市、NPO法人多文化共生マネージャー全国協議会が参加している。

　また2016年度からは、大阪弁護士会の「アウトリーチ事業（所属弁護士が市民の生活の場や行政や企業を含めた、必要とされるあらゆる分野に積極的に出かけていき、身近なところで様々な相談活動や研修等を展開する事業）」の一環として、同弁護士会の「人権擁護委員会」のうち、「国際人権部会」と基

本協定書を締結し、毎年ネットワーク参加メンバーを対象に最新の法律情報を学ぶ研修会を開催している。テーマは「外国人にルーツをもつ子どもとその親たち」、「生活困窮する外国人の権利擁護」、「コロナ時代の労働問題」等、その年々のニーズに沿った課題を設定、また年1回以上は、多言語通訳付きの法律相談会も共催している。このように多様な団体の協働による取り組みは、（メンバーがみな多忙なだけに）時として粗削りで「いいかげん」な進め方になる。しかし、それがかえって「良い加減」な展開をつくりだす。いざ、というときのためにいつも真面目に話し合い、どんなときもユーモアを忘れず試行錯誤できる関係性は、難しい課題に地道に向き合い続ける原動力となっている。

（2）災害対応関連の取り組み

①東日本大震災における中国語翻訳支援

　2011年3月11日に発生した「東日本大震災」では、滋賀県の全国市町村国際文化研究所（JIAM）内に設置された「東北地方太平洋沖地震多言語支援センター」が、多言語で情報発信するHPを運営することになった。日頃の関係性を活かして大阪から何か支援ができないかと、当ネットワークがこのHPの中国語の翻訳を請け負うことになった。

　毎日18時に翻訳者へ原稿を依頼し、翌日9時までに返送してもらう。原稿は必ずネイティブチェックにかけ、その日の12時までに支援センターへ納品するというスピード工程で、3月14日から同センターの情報提供が終わる4月28日までの45日間、合計113報を翻訳した。特に福島第2原発で水素爆発が起きてからの情報発信は切迫したものが多くなり、未曾有の状況にこちらの緊張感も高まったが、中国語ネイティブの協会職員をはじめ、合計20名にのぼるネットワーク内の中国語ボランティアの全面的な協力のおかげで完遂することができた。

②東日本大震災時の経験と教訓を共有

　このときの翻訳支援体験は、我々に「もし南海トラフ地震が発生したら、自分たちはどう動けるのだろう？」というリアルな問題意識を芽生えさせた。このため、震災から1年以上過ぎた2012年11月16日には、仙台国際交流協会

（現在は（公財）仙台観光国際協会）の菊池哲佳さんを大阪に招き、震災当日に立ち上げられた「仙台市災害多言語支援センター」の運営にまつわる苦労話や、その後の防災体制づくりに関する実践を伺った。

　翌2013年度には、（公財）大阪府国際交流財団（OFIX）の助成を得て、「災害時の外国人支援を考える」というタイトルで全4回の連続研修会と、「多言語支援センター設置訓練」を北部と南部の2回に分けて開催した。「災害時のやさしい日本語」研修会をはじめ、ふたたび仙台国際交流協会から須藤伸子さんを招き、実際に震災時に使用された災害対策本部からの災害情報を一部共有していただき、情報選別のワークショップを実施した。1回の災害対策本部からの情報量は、A4用紙で40枚以上にのぼることもあり、瞬時に優先順位をつけながら翻訳作業を依頼することの難しさを各メンバーが身をもって体感した。

　さらには、外国人留学生が最も多く避難した「仙台市片平地区連合町内会」の会長である今野均さんにも来阪いただき、地域住民と留学生との間で生じた避難所での軋轢や葛藤をざっくばらんに語ってもらい、多くの知見を共有した。

③大規模な「災害時多言語支援センター設置訓練」の実施

　2013年11月に実施した「災害時多言語支援センター設置訓練」は、北部は

図1.「災害時多言語支援センター設置訓練」における情報選別ワークの様子（2013年11月1日）

箕面市で、南部は富田林市で、いずれもまる1日かけて実施した。この日のために、災害時にいつでもオープンにできる4言語（英、中、韓、やさしい日本語）でのブログも開設。当日は仙台市で使われた情報を使わせてもらい、短時間で情報を選別し、他県（島根県と仙台市）の国際交流協会に翻訳協力を依頼、返送された原稿を多言語ブログにアップする班と、避難所巡回用に自分たちで必要な情報を選んで掲示物などを翻訳する班との2つに分かれて演習した。

　長時間の訓練を通して、「どの情報を選別すべきか」など、正解のない中で次々と決断を迫られ議論が白熱し、情報伝達の限界を実感する機会となった。

④そして迎えた「大阪府北部地震」

　2018年6月18日、震度6弱の揺れが箕面市を襲った（震源は高槻市）。筆者の勤務先で、休館日だった「箕面市立多文化交流センター」も被災し、翌日から避難所巡回と複数言語での情報提供を開始したところ、これまでの訓練が大いに役立った。当協会の最寄りの避難所である豊川南小学校を訪問したときは、9割以上が留学生など大阪大学の関係者だった。夜には最多の140人が避難してきたが、日本語が上手な人を「通訳リーダー」に推薦してもらい、避難所運営者との橋渡し役を担ってもらった。また、箕面市の状況が落ち着いてきた1週間後には、茨木市からの応援要請を受け、英語と中国語スタッフの通訳応援も当ネットワークで行った。

　非常時には、平時における関係性の蓄積が顕在化する。地縁組織の高齢化が進む中、外国人市民は若い世代が多く、地域を助ける側に立ちうる心強い存在でもある。普段からあらゆるマイノリティの人たちを包摂したコミュニティをつくるには、数年～10年単位での、行政やそこから委託を受けた我々のような国際交流団体の中・長期的な関わりが不可欠だ。今後も広域で共通の課題に取り組みつつ、ローカルなレベルでは各地域で地道なコミュニティ形成支援を続けていく必要性を再確認した。

（3）人材育成の機能

①年に1度の大型研修会

　「ネットワークおおさか」では、協働で様々なイベントを開催し、職員等の

人材育成に努めている。2018年12月の外国人材の受け入れ拡大に向けた「出入国管理及び難民認定法」の改正の決定を受け、「生活者としての外国人」と共に生きるため、国の施策や多文化共生に関わる国際交流協会の役割を改めて考え、現場の声を共有できる場として、「今、あらためて"多文化共生"を問い直す」をテーマに、2019年から2021年までシンポジウムや研修会を開催した。

Part 1（2018年度）では、文化庁やクレア（（一財）自治体国際化協会）から担当者を招き、国の施策や方向性を説明してもらうと共に、国際交流協会など現場が抱える不安や「もやもや」を共有した。

Part 2（2019年度）では、「多文化共生の担い手について考える」と題して、研究者、外国人当事者、外国人支援NGOからパネリストを招き、それぞれの現状や課題について共有し、それぞれの立場から担うべき役割について考えた。

Part 3（2020年度）では、「『反うわさ戦略』を学ぶ」と題し、ヨーロッパのバルセロナ市で行われている取り組みを学びながら、大阪で実際に我々に何ができるかを考え、活動を起こすきっかけとした。グループワークでは、生まれてしまいかねない偏見やうわさを挙げ、それらに実際どのように対抗していくのかを話し合った。

多文化共生の現場で働く我々が、この戦略を日常の業務や事業の中で活用しながら、誰もが「うわさ」の受け手や発信者になりうることを意識し、行動する。こうした意識と姿勢が身につくようになれば、多文化共生社会の実現により近づくことができると実感する機会となった。

②インターンシップ企画──相談員スキルアップ研修

同じ都道府県内の自治体や国際交流協会が年に一度、一堂に会し、情報共有・交換のための会議を実施することで「ネットワークを構築し、連携を図っている」ことは珍しいことではないが、「ネットワークおおさか」の大きな違いは、定期的に会議を開くだけでなく、1年を通して様々な事業を協働で展開していることだ。

中でも特筆すべきは、人材育成の一環として通年で実施している構成団体間のインターンシップである。希望すれば、他の構成団体の通常業務に参加でき

るのだ。それぞれの業務については概ね把握しているものの、実際に事業の場に参加する体験は、職員の大きな刺激にも、学びにもなっている。これまでにメンバーが行き交ったメニューは、各事業現場の見学のほか、「少人数の事務局運営」や「各団体の事務局長に密着」、「カフェのボランティア体験」など非常に多岐にわたる。

　これらの取り組みは全国的にも例がなく、いわば本ネットワークが各地の国際交流団体の最先端を走っていると言っても過言ではないだろう。

（4）このネットワークの意義

　以上、互いの信頼関係をベースにした柔軟かつ強固な我々のネットワークは、多彩で多面的であることから、その意義を一言で表すのは容易ではない。各構成団体のメンバーはどのように感じているのか、率直に意見を寄せてもらった（掲載は本ネットワークへの参加順）。

（公財）とよなか国際交流協会（ATOMS）

　国流ネットワークおおさかの設立時から関わっている。一時、お休みをしていた時期があったものの、8年前から再度、参加。私個人は2016年からとよなか国流（とよなか国際交流協会の略称）で働いているので、まだ5年とちょっとの付き合いだが、国流ネットワークがありがたいのは、とにかくざっくばらんに何でも話ができることである。

　他の団体の取り組みについて知り、刺激を受けるだけでなく、自分の団体はこのままでいいか？　こんなことも考えないといけないのでは？……など、普段気が付かないことについて考えるきっかけがもらえる。そのテーマも事業内容から組織体制、人材育成や財政状況、行政や政治との関係……日頃のぐちなど多岐に渡る。

　また、自分にとって印象深いのは大阪府北部地震のときのこと。それぞれが大変な状況の中、常日頃から顔を合わせているからこそ、気軽に連絡ができ、助けを求められるだけでなく、声を聞くことで自然と落ち着くことができた。もやのかかった視界がすーっと晴れていくように、心が落ち着いていった感覚は未だにはっきりと覚えている。

とよなか国流は多言語スタッフや市民ボランティア、学生ボランティアとともに、多言語相談サービス、にほんご交流活動、外国ルーツの子どもの居場所作りなどを進めているが、刺激と安心のネットワークと持ちつ持たれつで進んでいきたい。

山野上隆史

（公財）吹田市国際交流協会（SIFA）

日本社会が新型コロナウイルス感染症へ不安と恐怖をリアルに感じ始めた 2020 年 4 月、私は公益財団法人吹田市国際交流協会の事務局長として着任した。スタッフや事業の様子も分からないまま、緊急事態宣言が発出され、その後も不測の事態への対応の連続で、組織のマネジメントに対する不安が大きかった。しかしそれ以上に、協会が相談窓口を設置していないこともあり、この間在住外国人からの相談がほとんどなく、吹田市の在住外国人の様子が分からないという状況が心配だった。月 1 回の「ネットワークおおさか」での情報共有のおかげで、コロナ禍における府内の外国人市民の状況や吹田市在住・在勤の外国人市民が他市の国際交流協会に相談している厳しい現実も把握することができた。ネットワークのメンバーによる助言や協力は、自分自身の力不足を支えてくれ、実際の事業や組織運営の課題解決に大いに助けとなり、何より「仲間」的心強さがある。特に、参加団体の中で「インターンシップ」として、互いに他団体のスタッフの視察や相談、研修を受け入れるシステムは、スタッフのスキルアップとモチベーションの向上につながり、事業強化を図る貴重な機会となっている。一団体のみで活動を継続していると、ビジョンを見失い閉塞的になることもあり、新しい知見を取り入れることがなかなか難しいが、風通しの良い関係性を構築しているネットワークのおかげで、常に自分たちの事業の方向性や内容を内省し、発展させられる機会を与えてもらっていると感じている。

大橋亜由美

（公財）箕面市国際交流協会（MAFGA）

2005年に現職場で働くようになってから、ほぼ毎月、このネットワークに参加してきた。この間16年。非常に中身の濃い、本音ベースの話し合いに何度も助けられた。例えばうちの財団は、これまで幾度となく外郭団体の統廃合の対象になり、現在も存続の危機に瀕している。当方だけではなく、時代に応じて大変な状況にある協会（や行政）の担当者が吐露する悩みを真摯に聴きながら、何かできることはないかと互いに知恵を出しあい、励ましあってきた。

印象に残っているのは、ネットワークの職員を対象にした、「私にとっての『多文化共生』を問う」研修会（2017年1月12日開催）。各自が抽象的なこの概念を1枚のイラストや写真として具体的に表現した。「これが正解」というものがない中で、率直に疑問を投げかけたり、つっこんだりできる場はとても示唆に富んでいた（ある団体で「自分が一番わかっている」と自負してやまない職員が、この研修をきっかけに態度が控えめになったと聞いたりもした）。

また、2015年12月11日開催の「地域国際化協会の今後10年の事業展開を考える」では、オリジナル寸劇「21世紀の絶滅危惧種『コクリュウ』その生態と特徴」を作成し、メンバー全員が演じながら課題提起し

図2. オリジナル寸劇「21世紀の絶滅危惧種『コクリュウ』その
生態と特徴」のワンシーン
出典：2015年度研修会報告書 P.5 より

たことも忘れられない。2021 年度はヨーロッパを中心に行われている対話型演劇「フォーラムシアター」もやってみた。ユニークな研修会も、このネットワークだからこそ可能であり、人材育成につながっていると感じる。

岩城あすか

（特活）とんだばやし国際交流協会（TICC）

1,600 人弱の外国籍市民が住む富田林市で活動する（特活）とんだばやし国際交流協会は、日本語教室、通訳・翻訳サポート、相談事業、外国にルーツを持つ子どもの支援事業などを行う小さな NPO である。目前の事業に追われて「井の中の蛙」に陥りやすい日常に、情報と視点を与えてくれるのが「国際交流協会ネットワークおおさか」だ。この会に関わって 7 年になるが、情報交換で学ぶことは多い。メンバーの実践報告を聞いて、当協会は行政や地域団体とどのように連携していくかを考える。アイデアをいただく。また外国人市民に近い NPO としての当協会の立ち位置を確認する。

最近印象に残ったのは、ネットワークが実施したシンポジウムでゲストが発した「" 多文化共生 " は " 鶏肋 "（＝食べるほどの肉もない＝たいして役立つものではないが、捨てるのは惜しまれることのたとえ）の状態」という意見。私も仕事で「多文化共生」という言葉をよく使う。便利な言葉として使っていないか、外国人市民の声を聴いているか、外国人市民の人権を守る姿勢をもっているか、ストレートに問われたように思う。

金和子

（公財）大阪府国際交流財団（OFIX）

当財団は大阪府全体を活動域とする地域国際化協会である。広域行政がそうであるように、また財団も外国人府民にとっては距離のある存在だ。大阪府の面積は狭いものの、地方自治体の数は 43 と比較的多く、政令市から村に至るまで、各自治体の特性も幅が広い。そんな大阪府全域に多文化共生を根付かせ定着させていくことは、大きな目標であると同時に、ま

るで新天地を開拓するようだ。

　私自身は、多言語支援（平時・災害時共に）を担当しているが、どの事業においても、市町村・協会との連携の円滑さが、成果を左右するのは自明の理である。

　公権力のない財団がどこまで多文化共生施策を推進していけるか不安になることもあるが、関わってきた概ね10年を振り返ってみると、市町村・協会の実情や重点事業、人的・資金的な課題などを含め忌憚なく遠慮なく情報交換のできる「ネットワークおおさか」は、開拓の道を照らす灯である。

　この灯があるからこそ、試行錯誤しながらも各自治体へのアプローチや提案を繰り返し、一歩でも半歩でも多文化共生の府域づくりを推進していこうと、今日もまた思いを新たにすることができるのである。

吉川友香

（公財）大阪国際交流センター（i-house）

　2013年に現ネットワークに名称変更して以来、アイハウスは、オブザーバーからメンバーとしてともに活動してきたが、私自身は2020年4月、このネットワークメンバーに加えていただき1年が過ぎた。

　15年前、大阪市の外国籍住民施策担当をしていた時はこのネットワークの存在を知らず、府や周辺自治体との交流もなく、足元の区との関係性も構築できていなかった。

　この1年で、多文化共生社会の実現に本気で取り組む仲間がいて、課題の見極めや手法の選択が適切で、助成金を獲得しながら事業を進めるノウハウや経験があるネットワークが大阪で育っていることを知った。

　2020年度に実施した事業の中では、「近畿発！今あらためて『多文化共生』を問い直す（Part3）〜『反うわさ戦略』を学ぶ〜」が一番印象に残っている。人の心を変えるのは難しいが、当事者の声を聞き、一緒に考える機会があれば、人は何かを感じ、変わるのではないかと思った。

　人口の5％以上が外国人となっている大阪市だが、区ごとにその特徴は異なる。当財団は、その持てるネットワークをつなぎながら、区・地域の

みならず、広域での多文化共生社会の実現に寄与していければと思う。

大野美保子

池田市市民活力部人権・文化国際課

　本市がオブザーバーになったのは 2015 年、構成団体になったのは 2018 年。私自身は途中抜けていた年もあるが、これまで 4 年ほど関わってきた。国流ネットは、月に 1 回の会議で、現場の深刻な相談窓口の話から、それぞれの団体をとりまく環境まで、いつも真面目に、楽しく、フラットに語り合っている。

　本市をはじめ、大阪府内すべての自治体に、外国人市民に寄り添う国際交流協会が存在しているわけではない。私は、自身のルーツもあり、担当者として配属されてから、外国人市民のために何かしなければと思う気持ちの一方で、地域に暮らす外国人市民に出会ったことがなく、何からどのように始めればいいのか相談できる人もいなかった。そんな中でこのネットワークに誘っていただき、外国人市民のために熱意をもって事業を展開されている皆さんの姿に（勝手に）励まされ、これまで何もしてこなかった本市でも、知恵を絞って何かできるかも、そんな気持ちを持つことができた。

　歴史的に多くの外国人が暮らす大阪には、先進的で、地域に根差した事業を実施する国際交流協会が大小問わず、存在する。自治体が実施する多文化共生事業は、協会のような柔軟さは無いものの、私はこのネットワークの皆さんのおかげで、行政がなすべきことを考えるヒントをいただいているが、残念ながら、参加する自治体はまだ少ない。ぜひ、府内自治体の皆さんがこのネットワークの構成団体となり、一緒に外国人との共生社会づくりを担えたら、と願ってやまない。

金輝美

和泉市教育委員会生涯学習推進室

　本市は市域に企業団地があり、技能実習生を雇用している企業が多数ある。2021 年 5 月時点では、総人口の約 1.43％が外国人市民で、59 の国や

地域の出身者 2,650 人が暮らしている。2001 年に、「全ての市民がお互い
を尊重しあうまちづくり」を目指すため指針を策定し、多文化共生のまち
づくりに取り組んでいる。

　本市は、2016 年からオブザーバーとして実行委員会に加わり、私自身
は現在、生涯学習推進室で国際交流を担当している。これまでで特に印象
に残っているのは、2018 年 1 月に堺市役所で実施した「外国人のための
無料相談会＆防災講習＆炊き出し体験会」である。凍える寒さの中、炊
き出しテントが立ち並び、中国出身者のブースでは水餃子、ブラジル出身
者のブースではエスニックスープが手際よく調理され、会場一帯に良い香
りが漂っていた。各国の料理で温まり、各ブースのスタッフと話をしなが
ら、「外国人市民＝助けが必要な弱者」ではなく、言葉や文化は異なって
も、困難な状況にあっては互いに助け合う仲間なのだと、認識を新たにす
ることができた。

　「ネットワークおおさか」のつながりは私にとって貴重で、いつも良い
刺激を受ける。先進的な取り組みをされている各国際交流協会や自治体か
ら学ぶことが多く、これからもこのつながりを大切にしていきたい。

黒川亜弓

堺市国際部国際課

　私は堺市文化観光局国際部国際課に配属され 9 年目になるが、交流協力
係長として異動になった 2017 年度から、このネットワークに関わって 5
年目になる。担当業務は、姉妹友好都市交流事業・多文化交流推進事業・
国際交流拠点の管理運営事業である。

　多くの政令市では、公益財団法人の地域国際化協会がこのような業務を
担っているが、本市では、市が直営で行っている。そのため、ボランティ
アの大きな協力により、多文化交流事業を進めている。特に、日本語学習
支援では、日本語教育専門の会計年度任用職員がコーディネートして、入
門レベルのための教室を開催したり、地域日本語教室への財政的支援を
行ったりしている。

　このネットワークは、良き相談仲間であり、困りごとがあれば気軽に話

せ、協会や自治体などの枠組みを感じさせない雰囲気がある。特に、岩城前会長や山野上会長の経験豊富なアドバイスは、とても参考にしている。

　着任当初、本市でネットワーク合同事業を実施することが決まっており、災害時訓練と外国人相談会を兼ねたいと提案したところ、ユニバーサルデザインの炊き出しと弁護士相談会を同時に開催することになり、各協会が持っている資源を提供してくれたことにとても感謝している。さらに、大阪国際交流センターが大阪府国際交流財団とともにクレア（一般財団法人自治体国際化協会）の助成金を申請してくれたため、実質無料で開催でき、このネットワークの大切さを肌身で感じた。

　恩返しの意味も込めて、インターンシップ研修の一環で、「行政に学ぶ文書作成と仕事の進め方」の講座を行った。講座では、行政と民間との違い（私自身、外国籍・民間採用枠として入庁した経験を持つ）や企画書・報告書の作り方など、行政に予算を確保してもらうため、また、上司に自分の報告を知ってもらうために、どういった文書が有用なのかを各協会職員に講義した。結果、新人研修として今後もやってほしいとの意見をいただき、うれしかった。

　改めて、このネットワークは、各団体が持つ強みを活かしつつ、1つの事業に向かった団結力の高さが魅力的で、各々が「ネットワークおおさか」のために何かをしたいと自発的に思える、とても素晴らしいものである。

韓昌一

特定非営利活動法人多文化共生マネージャー全国協議会（NPO タブマネ）

　特定非営利活動法人多文化共生マネージャー全国協議会は、災害時における多言語情報提供の仕組みづくりや災害時における多言語支援センター設置運営訓練、多文化共生研修への講師派遣などに取り組んでいる団体であり、「ネットワークおおさか」とは、2011年3月に発生した東日本大震災時の「東北地方太平洋沖地震多言語支援センター」の活動での連携・協働をきっかけに、在阪の団体として、オブザーバーとして参加するようになった。

　私自身は、3年前からネットワークに関わらせていただいているが、普

段の会議では、当団体の会員や全国の自治体・国際交流協会・多文化共生分野の NPO などから得た情報を共有するように心がけている。最近では、このネットワークの会議で「地域によって新型コロナウイルス感染症の影響を受けた外国人への貸付基準が違う」という情報を得てから、当団体で都道府県と政令指定都市の社会福祉協議会（64団体）を対象に「緊急小口資金等の特例貸付」に関するアンケートを実施した。

　他の構成員と違い、当団体は中間支援団体なので、外国人当事者との交流機会は少ないが、ここでの活動を通し、地域で生活する外国人住民の"生の声"を聞く事ができる。彼らの生活を支える国際交流協会の活動を身近に知ることのできる貴重な機会であり、会議やワークショップを通じ、大阪という地域に限らず、広く多文化共生社会づくりに取り組む姿勢は大変勉強になっている。

村上典子

（5）まとめにかえて

　このネットワークは、数ある国際交流協会の中でも、「多文化共生」や「外国人市民の人権尊重」に重点をおいて、広域連携で課題に取り組むことが最大の特徴である。大阪は独特な行政事情があるため、我々の業界はしばしば苦境

図3. 堺市での多言語相談会にて（2018年1月21日）

に立たされがちであるのだが、大幅な予算カットや財団存続の危機に遭いながらも、顔の見える、本音で話せる関係性のもと、メンバーを孤立させず、点から面に変えていくようなイメージで、あの手この手で策を講じ、粘り強く生き延びてきた。

　まもなく結成 20 年を迎えるが、当事者や NGO の抱える切実な状況をいかに行政につなぎ、どのような発信をしていくか、という当初からの問題意識は、色あせるどころか、外国人労働者が増加する中、より重要なテーマとなっている。

第Ⅳ部

実践者から見た
インターカルチュラル・シティ

第13章
隣近所におけるインターカルチュラリズムの実践

岡﨑広樹

（1）はじめに

UR 川口芝園団地（以下、芝園団地）がある埼玉県川口市芝園町は 2022 年 5 月 1 日現在、人口 4,659 人の内、2,584 人（総人口の 55.5%）が外国人住民であり、その大半は中国人住民である。

1978 年に入居を開始。当時、30 代の日本人住民はすでに 70 代。その高齢化は顕著な一方で、外国人住民は 20 代後半から 30 代の子育て世代が多く住んでいる。つまり、日本人住民の高齢化と地域の国際化が進展した、さながら「将来の日本の縮図」とも言える場所である。

2014 年、筆者は芝園団地に住み始めて、日本人住民と外国人住民の関係づくりに取り組んできた。2015 年には、インターカルチュラル・シティ・プログラムのコーディネーターであったマルセル・ラ・ローズ（Marcel La Rose）氏の自宅にホームステイしながら、後述するようにヨーロッパ各国の取り組みを調査してきた。

帰国後、その時に得た知見も踏まえて、再度、芝園団地に住みながら活動を継続している。本章では、隣近所の住民同士の「インターアクション」に焦点を当てながら、7 年以上にわたる実践内容を紹介する。

（2）「インターアクション」の課題

日本人住民と外国人住民が「インターアクション」するには、人間関係を築くきっかけや出会いの場が必要になる。しかし、筆者が住み始めた当初、両者

の間には、お互いの「接点」がほとんどないに等しかった。

　その理由は主に２つである。１つは、両者が「見知らぬ隣人」になりやすかったこと。例えば、自分自身の顔見知りを振り返ってみてほしい。同じ学校や部活の出身者、バイト先や会社の同僚だったり、子どもが同じ学校に通っていたりしないだろうか。通常、人と人はお互いの「共通点」をきっかけにして出会っている。

　しかし、多様な背景を持つ住民とは、言い換えると、「共通点」が少ない住民でもある。世代が異なるだけでも、日本人同士だって顔見知りになりにくい。いわんや、高齢者の日本人住民と若者の外国人住民である。文化や言葉の違いもあるのでコミュニケーションがとりにくく、両者は「見知らぬ隣人」になりやすかった。

　もう１つは、日本人住民が、外国人住民を「迷惑な隣人」と感じやすい状況になっていたこと。日本と母国の間にある生活習慣の違いによって、騒音やごみの分別などの生活トラブルが起きてしまった。例えば、自分自身の隣人が毎日うるさく感じる人であれば、国籍を問わず人間関係を築きたくはないだろう。日本人住民は「迷惑な隣人」に対する怒りや不満を募らせており、そもそも関わりたいわけでもなかった。

　これらの課題を改善しない限り、両者の「インターアクション」を進めることは難しい状況であった。

（３）「インターアクション」推進のための具体的な取り組み

　芝園団地では「迷惑な隣人」と感じやすい状況に対して、「お互いに静かに暮らせる関係（共存）」を築くことに取り組み、「見知らぬ隣人」となりやすい状況に対して、「お互いに協力する関係（共生）」を築くことに取り組んできた。

　「共存」とは、「インターアクション」を推進するための土台である。通常、「迷惑な隣人」と関わりたい人はいないだろう。また、「共存」を築ければ、自然発生的に「インターアクション」が起きて「共生」に至るわけではない。

　「共通点」が少ない「見知らぬ隣人」同士の間には、日常的な出会いのきっかけさえも無いからである。

　これらを踏まえて、芝園団地では日本人住民と外国人住民の「インターアク

ション」を意識的に進めてきた。その取り組みについて、①集まる場づくり、②地域イベントの担い手探し、③定期的に集まる場づくり、④お互いに協力する関係、という四段階に分けて紹介する。

①集まる場づくり

　筆者が住み始めた当初、両者の人間関係は無いに等しかった。そこで、外国人住民と関わり始めるきっかけとして、2014年7月に防災説明会を開催した。

　きっと、自分や家族の命に関わるテーマであれば、外国人住民も興味を持って参加しやすいのでは、と考えた。さらに、外国人住民でも参加しやすいように中国語の通訳者を川口市役所に依頼し、少しでも参加者を増やすため、日がな一日チラシ配りに勤しんでいた。

　当日の参加者は約70名。その内、外国人住民は約2割であった。「1つの部屋に集まるだけでも、外国人は心理的に参加しづらいはず。1人も来ないのでは」という意見の自治会役員もいた。しかし、こちらから声をかければ、外国人住民だって参加することを体感したのである。

　しかも、筆者自身が様々な住民に声をかける機会となり、いつの間にやら挨拶や立ち話をできる人が増えていた。このことが、今後の活動につながる土台にもなった。

②地域イベントの担い手探し

　ただ、防災説明会は近くに座った人と会話をする機会にならなかった。1つの場に集まったとしても、住民同士の交流が進まないことを痛感していた。

　この現実に直面していた頃、筆者は芝園団地商店会が企画する国際交流イベント（2014年10月、11月）を手伝い始めていた。商店会の担当者とは、外国人住民がブースを出店してくれるとイベントの準備段階からお互いに関われるのでは、という話になった。

　筆者が様々な人や団体に協力を依頼し続けた結果、主に中国人住民で構成されるバドミントンクラブ、中国人ママグループや外国人自治会員などが、ブース出店や当日の担い手として協力してくれることになった。

　当初、「中国人はメリットがなければ何もしない」と日本人住民から聞いて

いたが、イベント協力はあくまでもボランティア。特段のメリットは無かった。きっと、日本人住民は、過去に断られた数少ない体験を基にそう思い込んでいたのではないだろうか。

　外国人住民からは、「これまで日本人からそのような依頼をされたことがない」とも聞いた。そもそも、日本人住民が誘わない限り、外国人住民は地域活動に関わるきっかけさえも無かったはずである。

　平日の昼間に出店者説明会を開催すると、バトミントンクラブ代表の中国人が、仕事場から芝園団地に１時間もかけて戻り参加した。日本人参加者が驚いたのは言うまでもない。このような機会を通じて、日本人側から声をかければ、外国人住民の中にも協力してくれる人がいることを体感していった。

　外国人住民がイベントの担い手側に回ったことで、日本人関係者はどのような外国人住民が地域にいるのかを知る機会にもなった。これは、逆もまた然りである。地域イベントへの協力依頼は、お互いの関係を一歩進めることにつながっていた。

③定期的に集まる場づくり

　国際交流イベントの開催にあたり、地元外部の学生ボランティアを探すことにした。そこで、筆者が大学教授に直接依頼をしたり、多文化共生のフォーラムで学生に声をかけたりしてみると、教授のゼミ生や学生７名が協力してくれた。

　イベント終了後、「芝園団地での活動を継続したい」と学生２名からの申し出があり、2015 年２月、学生ボランティア団体「芝園かけはしプロジェクト」が発足。地域の第三者として、日本人住民と外国人住民の関係づくりを支援し始めた。

　当初、学生は外国人に対する誹謗中傷の落書きをアートにするイベントや、夏祭りの中で七夕イベントを開催するなどした。

　これらのイベントは人がたくさん集まるので、参加者同士があたかも交流しているかのように見える。しかし、実際は自分１人か友人と一緒に参加するため、わざわざ見知らぬ人に話しかけはしないだろう。

　結局、「見知らぬ隣人」同士が出会う場にはなっていない。つまり、人がた

だ集まるだけのイベントは、両者の人間関係を築くことに至らなかった。

　そこで、両者が1つの場に集まって地域イベントを企画しながら、一緒に話したり、考えたり、作業したりすれば少しずつ顔見知りになれるのでは、と学生たちは考えた。この過程を「プロセスからの交流」と名付けて、2016年2月、第一回目の「多文化交流クラブ」を開催した。

　「多文化交流クラブ」では、学生がファシリテーターとして、両者の話し合いを促進しつつ、「持ち寄りの食事会」、「中国人住民が先生の中国語教室」、「広場での太極拳イベント」、「折り紙と切り紙による秋の工作イベント」などを開催していった。

　このような「インターアクション」の取り組みでは、「芝園かけはしプロジェクト」の学生が重要な役割を果たしてきた。

　筆者が住み始めた当初、「なぜ、外国人と交流しなければいけないんですか」と高齢者の日本人住民に言われた。「迷惑な隣人」に感じている外国人住民と交流したいわけではなく、ましてや、国籍を問わず「見知らぬ隣人」と今さら付き合いたいわけでもなかった。

　その一方で、「高齢者の日本人と何を話したらよいか分からない」と若者の外国人住民に言われた。異国の地の「見知らぬ隣人」でしかなく、世代までもが異なる日本人住民と無理をしてまで関わりたいわけではなかった。

　これでは両者の間に交流しよう、という動きが起こらなくても当然である。

　このような状況の中、学生は高齢者の日本人住民にとって孫世代で関わりやすく、若者の外国人住民にとって近い世代で関わりやすかった。その立ち位置を活かして「出会いの場」づくりを担いつつ、両者の人間関係をつなぐ「接着剤」の役割を果たしていた。

　また、「多文化交流クラブ」での話し合いを始めた頃、「中国人は何でいつもうるさいんだ。静かにしてほしい！」と日本人住民が怒りをぶつけ始めた。「私たちがうるさいわけではありませんから」と向かい側の中国人住民はムッとしてしまい、かなり険悪なムードになった。

　その際、「まあまあ、この2人がうるさいわけじゃないんですし、そう怒らなくたっていいじゃないですか」と学生が取り成し始めて、その場はなんとか

収まった。学生は、両者の間を取り成す「緩衝材」の役割も果たしていた。

　地域の第三者である学生が、「接着剤」と「緩衝材」の役割を果たしつつ、両者の間をつなぐ「パイプ役」になることで「インターアクション」の推進を可能にしていた。

④お互いに協力する関係

　2015年、防災説明会のチラシ配りで知り合った外国人住民が、外国出身者として初の自治会役員に就任した。しかし、その人が出産を機に辞任すると、次の外国人役員探しは難航してしまった。当時は外国人住民と継続的に関わる機会が少なく、お互いの人間関係はなかなか深まらなかったからである。

　しかし、2016年に「多文化交流クラブ」が始まると、外国出身者と定期的に出会う機会ができた。その結果、2021年度の自治会役員9名の内、外国出身者は4名になった。その中で、「多文化交流クラブ」を通じて顔見知りになった人は3名である。

　今では、夏祭りのやぐら組みや餅つきなどの力仕事を外国人役員も担うようになった。また、日頃から顔を合わせていると、国籍を問わず気が合う人も出てくる。いつの間にやら、古参の日本人役員と新参の外国人役員が一緒に飲みに行くことまで起きていた。

　このように「インターアクション」を進めることで、両者の「接点」が徐々に増えていくと、少しずつ「共生」を築けるようになった。

（4）「インターアクション」がもたらした変化

　日本人住民と外国人住民の「インターアクション」がもたらした変化の内、①日本人住民の真意が垣間見えるようになったこと、②日本人住民の意識変化、という2点を紹介する。

①日本人住民の真意が垣間見えるようになった

　ある日、知り合いの日本人に声をかけると、「いつも、外国人がうるさくて困っているのに、自治会は交流の取り組みをして一体何なんだ！」と突然怒ってきた。どうやら、上の部屋の外国人がうるさくてホトホト嫌になっていたよ

うである。筆者はこのようなことを見聞きするにつけて、偏見の塊のようだと感じていた。

　別の日、その人が「多文化交流クラブ」に来た。一体何事だろうか、と参加理由を尋ねると、「あんまりにも上の中国人がうるさいから、別の号棟に引っ越したんだよ。そしたら、近くの中国人はうるさくないし、挨拶もしてくれていい人ばかりだ。それで、どんなものかと気になって参加してみようと思ったんだ」と言った。

　もし、この人が偏見の塊であった場合、生活トラブルが改善したくらいでは、外国人住民との交流の場に参加してみよう、と思わないはずである。その真意を何も知らずに、まるで偏見の塊のようだなと感じていたのは筆者自身であったことに気づいた。

　このように「外国人は嫌いだ」と否定的な発言をする人が、どうやら特定の迷惑な外国人住民だけを嫌がっているらしい、と「インターアクション」の機会によって気づかされることがあった。

　普段は発言の意図を深く質問する機会もないため、発言の真意を読み取りにくい。しかし、両者が関わり合う時の態度などから、その真意が垣間見えるようになっていた。

②日本人住民の意識変化

　「外国人とは関わらない方がいいよ」と日本人住民が言ったので、「実際に何かあったんですか？」と聞き返すと、「いや。特に何かあるわけじゃないんだけど……」ということがあった。

　また、筆者が住み始めた当初、「外国人は日本語が通じないから話もできない」と日本人住民から言われた。しかし、筆者が声をかけてみると、外国人住民は驚くほどに日本語を話せたのである。

　日本人住民は様々な噂話を聞いたり、特定の外国人住民との生活トラブルを体験したりすると、「外国人住民は○○だ」というステレオタイプが形成されやすくなる。その一方で、両者は「見知らぬ隣人」になりやすく、ステレオタイプを解消する機会さえない。

　仮に、筆者が「外国人住民に話しかけたら、日本語を話せる人が結構いまし

たよ」と説明しても、本当にそうなのかな、と不安を拭えないのが普通だろう。しかし、外国人住民と日本語で会話する機会さえあれば、「日本語を話せない」というステレオタイプは解消するはずである。

　書籍を読んだり説明を受けたりするだけだと、個人の意識や思い込みは変化しにくい。しかし、「インターアクション」の機会を通じて、自分自身で事実を目の当たりにすると、これまでの意識や思い込みは自然に変化しているようであった。

（5）インターカルチュラリズムにおける地縁団体の可能性

　筆者は、自治会を通じて既述の活動に取り組んできた。そこで、隣近所のインターカルチュラリズムを推進するにあたり、地縁団体にどのような可能性があるのかを考えてみたい。

　2018年、芝園団地自治会では中国出身の自治会員からの依頼を受けて、UR都市機構に陳情したことがあった。「普段、地域活動を手伝いもしないで、こういう時だけ協力してってさ」と内心面白くない古参の役員はいた。しかし、明確に断る理由さえ無ければ、自治会員の陳情依頼は国籍を問わず1つの陳情として扱われることも事実であった。

　つまり、外国人住民が自治会に加入すると、国籍に基づく対立的な構造は「会員」という平等な立場に変化していた。

　筆者がこれまで見てきた限り、自治会では国籍をさほど問題にしていない。むしろ、古参や新参といった担い手の期間がより重要な問題になる。新参者が意見を述べると、「入ったばかりで何もわからずに生意気だ」と古参の役員が言ったこともあった。

　また、個人的に気が合うのかどうかや日頃から地域活動に汗を流しているのか、という点がより重要な問題になる。つまり、地域コミュニティの一員として認められることが重要なのであった。

　筆者自身も住み始めた当初、「よそもの」と変わらない「新入り」であった。「地域のことをもっと知ってから役員をやればよかったのでは。何も分かっていないのに、とやかく言えるんでしょうか」と日本人住民に言われたこともあった。古参の日本人住民は、外国人住民だけに厳しい反応を示したわけでは

ない。新参者の日本人住民に対しても、その態度はさして変わらなかった。

　地縁団体とは住民同士のつながりに基づくコミュニティ団体のため、基本的に閉鎖的な組織である。ただ、新参者が関わりやすい開かれた組織に変化できれば、国籍を問わず誰もが平等な立場で関わりつつ、隣近所のインターカルチュラリズムを推進していく役割も果たせるのではないだろうか。

（6）ヨーロッパでの学びから

　2015 年、スイスのヌーシャテルで開催されたインターカルチュラル・シティ・プログラムのカンファレンスに参加した際、「今日は、一体何を学びましたか？」と司会者に訊かれた。筆者は「取り組みを少しずつ進めることが、その肝だと分かりました」と答えると、「その通り。『Step by Step』が一番大事なんだ」と、司会者はその重要性を他の参加者にも共有していた。

　確かに、インターカルチュラル・シティ・プログラムの取り組みは地道である。本節では、スペインの商店街活性化プロジェクトの担当者に聞いた話を紹介する。

　中国系商店がバルセロナの一角に増えていく過程で、地元住民は商品の陳列方法を雑に感じるなどして敬遠するだけでなく、中国系コミュニティへの偏ったイメージにまでつながる問題を引き起こしていた。

　この状況を改善するために、商店街活性化プロジェクトの担当者は中国系商店に足繁く通いつつ、まずは商店との人間関係を築いた。その後、野菜の陳列方法を説明するなど、地元の商習慣に適した店舗運営のアドバイスをし、各店舗と協力しやすいようにネットワークづくりを進めた。

　さらに、中国系店舗が文化紹介のイベントに参加する機会などを設けながら、地元住民と中国系店舗の相互理解に資する取り組みを進めていた。

　「このプロジェクトで一番大事なことは何でしょうか？」と尋ねると、「最も大切なのは商店との人間関係をしっかり築くことですね」と担当者は答えた。

　結局、アドバイスを素直に聞いてもらえるのは、お互いの人間関係があればこそ。この点はヨーロッパも日本もさほど変わらない。先進的な取り組みを学びに来たつもりの筆者は、ただ驚いた。

　その後、他国の調査でも似たような話を聞いていく内に、多様な人々の「イ

ンターアクション」を推進するには、「Step by Step」のアプローチが必要であると筆者は納得した。そこで、芝園団地でも同様のアプローチをしている。

（7）おわりに

芝園団地では、「インターアクション」の推進に障壁となる特有の状況があった。ここ数年は毎年約 400 世帯が引っ越している。これは総戸数の約 2 割にも達していた。その都度、新しい住民との人間関係を一から築く必要がある。

しかし、芝園団地には大きな外国人コミュニティが存在しておらず、同じ会社やバドミントンクラブなどの小さなグループしかない。外国人住民に働きかける取っ掛かりを見いだしにくいのが実情である。

また、日本人住民と外国人住民の「インターアクション」が難しいのは国籍の違いよりも、むしろ世代の違いが大きな要因の 1 つと考えられる。隣近所に住んではいるが子育てなどの「共通の目標」を共有できず、敢えてお互いに関わる動機も見当たらなかった。

これらの要因が幾重にも重なる中で、両者の「インターアクション」を地道に進めてきた。その取り組みは決して華やかなものではなかったし、極めて地道な活動の連続でもあった。

筆者は、これまでの歩みを「3 歩進んで 2.5 歩下がる」と表現している。この 7 年以上にわたる歩みは、わずか半歩だったかもしれない。

その一方で、「以前と比べれば住環境がだいぶ改善した」と古参の日本人住民の声が聞こえるようになった。また、2014 年度に 0 人だった外国出身の自治会役員は、2021 年度に 4 人にまで増加している。

隣近所の「インターアクション」を推進する試行錯誤は、国籍を問わず誰もが住みやすい地域社会につながっていく。そう実感してきたのも、また偽らざる本音である。

第14章
インターカルチュラルな若者たち

アートを通じた人材育成

海老原周子

　一般社団法人 kuriya は、外国ルーツの若者が日本で希望を持って未来を描ける社会をつくることを目的とし、外国ルーツの16歳から26歳の若者を対象に、定時制高校での居場所づくりやキャリア教育プログラムを提供してきた。活動当初は、多文化交流を目的としたアートワークショップを実施しており、新宿区やアーツカウンシル東京など行政との連携やトヨタ財団などからの協力を得ながら、東京を中心に活動をしつつ、ブラジル人学校、ネパール人学校など、神戸や愛知、茨城でも多文化交流プログラムを実施してきた。近年では政策提言活動に力を入れている中で、気がついたら活動を始めてから10年以上がたっていた。試行錯誤しながら活動をする中で、インターカルチュラル・シティとの出会いは、私たちの事業の根幹となる「共につくる」という考え方を形づくる大事なきっかけであった。

（1）インターカルチュラル・シティとの出会い

　日本に在住する外国ルーツの若者たちと共に歩いてきた私たちの活動は、2009年に東京都新宿区の新大久保で開催された小さな映像ワークショップから始まる。これまでに実施してきたワークショップは100回を超え、参加者はフィリピン・中国・タイ・ネパール・アメリカ・ブラジルなどのあらゆる国々からやってきた若者たちであり、ワークショップの内容も映像や写真、ダンス、音楽など多岐にわたっていた。

　アートワークショップの中で、共に作品をつくる体験や、目的を共有し話し合いながら作業を進めるプロセスは、自分や相手の出自を超えて、相互理解の

一助になると考えてきた。実際にワークショップで接してきた若者たちはストリートダンスが誰よりもうまく踊ることができたり、年下の子どもたちの面倒を上手に見たりと、言語ではない表現を介することで自らの可能性を見出し、それぞれが役割を通じて自らの強みを発見する場になっていた。また当初は外国ルーツの若者のみを対象にしていたものの、外国ルーツの若者から「日本人の友達も一緒に連れてきてもいい？」と尋ねられるようになり、「もちろん、いいよ」と対応してきた。外国ルーツの子も日本人の子も、共にその場にいることは自然なことだと思えたのだ。文化や生い立ち、出自の違う子たちが何かを一緒になってつくりあげるという共同作業の場は、一友人として信頼関係を深めていくきっかけでもあった。

　そのような活動を続けていく中で、どのように言葉にすべきか悩んでいたことがあった。それは、私たちの事業は「外国ルーツ」の若者を対象としてはいるものの、実際は上記のように日本人の若者も一緒に参加していたので、事業や参加者である若者の説明をする際に、「外国ルーツ」の若者と日本人の若者も共に参加している状況を、どのように形容すればいいのか苦慮していたのだ。

　その時に出会ったのが、インターカルチュラル・シティの「移住者や少数者によってもたらされる文化的多様性を、脅威ではなくむしろ好機と捉え、都市の活力や革新、創造、成長の源泉とする」というコンセプト・考え方だった。

　欧州協議会のインターカルチュラル・シティ・プログラムと関わりを持ったのは、2013 年に国際交流基金の招聘により、都市政策専門家のフィル・ウッド氏とモディエンシェーメ・インターカルチュラル・センタープロジェクト・マネージャーのニコレッタ・マンズィーニ氏が来日し、意見交換の機会を得たことからだった。フィル・ウッド氏からインターカルチュラル・シティの概要説明を受け、都市の多様性を強みとするコンセプトについて学び、ニコレッタ・マンズィーニ氏とはお互いの活動を紹介し合い、意見交換を行った。

　イタリアのレッジョ・エミリア市にあるモディエンシェーメ・インターカルチュラル・センターでは、地域に住む若者たちが市民記者となり、新聞を制作するというプロジェクトを実施していた。街の人々や催し、歴史や文化などについて若者たちがインタビューをするなどし、地域社会との接点を持ち、自らが街の市民の一員として、自分たちの住む地域について発信していく活動

だ。その活動には、移民の若者だけでなく、イタリア人の若者も共に参加しているという。私たちの活動と同じような状況があることに、インターカルチュラル・シティの中に、自分たちの活動が目指すもののヒントがあるのではないかと感じた。また、ニコレッタ氏と意見を交わす中で共通の課題として挙がったのが、日本でもイタリアでも「機会（Opportunity）がほしい」という若者たちが多いということだった。そして、若者たちは、機会さえあれば、その可能性を活かして活躍することができる。そうした思いを分かち合い、今後の交流を約束した。

（2）インターカルチュラル・シティの現場へ

　翌年の 2014 年、約束が叶い、欧州インターカルチュラル・シティを訪問する機会を得る。2014 年 3 月にレッジョ・エミリア市が市をあげて開催している国際理解週間にて、一般社団法人 kuriya（当時は新宿アートプロジェクトの名称）の活動を紹介した。自治体・学校・教育関係者、メディア、学生等 200 名が参加した。レッジョ・エミリア市はイタリア北部の地方都市で、コンパクトな規模の街だった。まず印象的だったのは、若者を対象としたプロジェクト活動の母体となる団体が存在していることだった。映像や写真などの表現活動を行うワークショップは恒常的なプログラムとして実施されており、小さな街の中で学校や地元の新聞社、NPO 団体などが連携しながら若者たちの活動を根付かせているのだと感じられた。イタリアのレッジョ・エミリア市で、若者が担い手として関わっているプロジェクトの様子を視察させてもらった後に、もう 1 つのインターカルチュラル・シティ参加都市である英国のルイシャム区を訪れた。ロンドン中心部から 1 時間程離れたところにあるロンドン特別区のルイシャム区には、多くの移民の若者たちが住んでおり、現地での若者を対象としたプログラムを視察させてもらった。その 1 つが、ヤングメイヤー制度という事業だった。若者がヤングメイヤー（若者区長）として選任され、地域に住む若者たちの声を集め、自らが若者にとって必要な活動を展開していくというものだった。自らが 1 人の市民として、地域を変えるためのアクションを行っていくこの活動は、地域の若者のエンパワーメントにもつながっていた。

どちらの都市でも、若者たち自らが支援される対象でなく、社会をつくる担い手の１人として、自分たちが自らの手で活動をつくっている。それが、若者たちのエンパワーメントにもつながっていた。そして、その若者を見守る人が周りに存在し、まちが若者たちを育てている、そんな印象を受けた。

　レッジョ・エミリア市とルイシャム区を視察した当時、私たちは新宿区との協働事業として、新宿区の中でも外国籍の住民が多いことで知られる大久保地域を中心に、地域に在住する外国籍等の子どもや高校生たちに対して、アートワークショップを提供していた。アートを通じて地域活動への参加を促し、日本社会との接点を作るという活動だったが、この時期の日本では、外国ルーツの子どもや若者を対象とした事業や団体の多くは、日本語教育や学習支援を中心としており、また外国ルーツの若者に加えて、日本人の若者も一緒に参加する事業やプロジェクトは少なく、参考事例がない中で、活動をつくっていくしかなかった。また、日本語と学習支援以外でなぜ、このような活動が必要なのか、なかなか理解を得にくいという課題も抱えていた。そのような状況の中で、欧州インターカルチュラル・シティで若者たち自らが担い手として参加するプロジェクトは、私たちの団体の事業の１つのロールモデルとして、非常に参考になった。日本で類似の実践がなくとも、世界に目を向けると同じような意志と目的をもって活動している人がいることに、とても勇気付けられた。

　同時に、視察で見てきたものを、東京の現場に取り入れる難しさも感じていた。１つは、都市の規模感だ。東京は、その規模の大きさゆえに、土地や地域に根ざしたコミュニティをつくりづらい。私が接してきた若者たちの多くは、経済的に厳しい状況にあり、生活のためにアルバイトをせざるを得ず、可処分時間が少ないため、私たちの開催していたワークショップに参加したくともできない子もいた。もう１つは、若者を支える基盤の違いだ。特に、ユースカウンシルが根付いていて、ユースワーカーと呼ばれる大人や若者自身が若者たちのアクティビティを支えている英国と比較した時に、日本は福祉的な側面や都市の機能においても、インターカルチャーな場所や若者を育てるための資源が圧倒的に少ないと如実に感じていた。

（3）実践への展開——若者たちに居場所と役割を提供するインターンシップ・プログラム

　東京という街での、地域に根ざしたコミュニティづくりに限界や難しさを感じる中ではあったが、視察で学んだことを踏まえて、日本人の若者も、外国ルーツの若者も、共に参加できる活動であることに加えて、若者たちに役割を提供し、担い手としてそれぞれの多様性を強みとして活かしながら、活動の場をつくっていくという点を実践に反映していくことにした。その観点を応用し立ち上げたのがインターンシップ・プログラムだ。若者に担い手としての役割をつくり、機会を提供する場として、団体内での実践型インターンシップを実施し、若者がインターンとして当団体の運営するプロジェクトやリサーチなどの事業実施に「ユース・スタッフ」として携わるというプログラムである。

　インターンシップ・プログラムとして、はじめに展開したプログラムの1つがインターカルチュラル・シティ視察の際に培ったネットワークを活用し、それぞれの都市と東京都とを結ぶ写真を通じた国際交流プロジェクトである。東京、レッジョ・エミリア、ルイシャム市の3都市の、それぞれの都市に住む若者が「5つの写真で綴る「私」の肖像」というテーマで、自分の物語や多様性の問題について5枚の写真を撮影し表現を試みるという活動を行った。これらの交流は、SNS上で行われ、若者たちに企画から運営まで参加してもらい、写真を通じて、社会に対して自らの声を発信することの価値を体験してもらった。また、若者たちの写真は新宿区立大久保図書館でも展示された。

　写真というツールからヒントを経て、次に実施したのが、マレーシア出身のアーティスト okui lala 氏とユース・スタッフとが共に開発した「多様性を発見する多文化ルービックキューブツアー」だ。この「多文化ルービックキューブツアー」は、東京における外国籍住民の生活や多文化コミュニティのリサーチを、ユース・スタッフである若者たちとアーティストとが共に進めていきながら、ワークショップの企画開発をしていった。その内容とは、多様なバックグラウンドを持つ人たちが多く行き交う新宿という街で、多文化コミュニティーや移民が多く働く職場（飲食店等）が集まる新大久保の街を歩きながら、若者たちが、「多文化共生」をテーマに写真を撮影・収集する。若者たち

は、撮影した写真の中から、6つの「文化」を選び、撮影した写真をそれぞれの文化ごとに並べ、新宿の街を反映したルービックキューブを作る。多様な文化的背景を持つ若者たちのグループワークを通して、異なる文化に対する新しい視点や発見をシェアするという内容だ。カメラを手に思い思いの写真を撮りながら、街の文化の多様性に触れるアクティビティとなった。

　2017年の春に行われたこのプロジェクトでは、新大久保の街の写真とツアーで作成したルービックキューブを大久保図書館にて展示した。自分たちで企画・制作・展示作業の一連のプロジェクト運営を行ったユース・スタッフの感想には、「写真の対象を探して、普段は見ないような細かいところまで街を観察することができた」、「日本人が撮影したコーヒーのロゴや電話ボックスなど、外国人からは一見それが日本の文化とは分からないものが多くて驚いた」といった声があった。「文化」というとネパール、ベトナム、韓国などの「国」と結びつけていたが、「沖縄」や「ハラル」などの意見もあり、文化には国だけではない様々な枠組みがあると思ったなど、グループワークだからこその発見もあったようだ。参加メンバーが多様だったからこそ、その写真が本当にその国を表すものなのか確認することができ、街の知らない側面を知ることができるなど、アクティビティを通して、自らが多様な文化背景を持つことについて、大きな強みを感じることができたようだ。

　これらの大久保という小さな地域での活動を踏まえて、その次の2018年には、「多文化ルービックキューブツアー」を東京都美術館のTURNフェスで開催した。「ひとりひとり異なる日常がであうことで生まれる"違い"を知り、それを楽しむ場を創造する」をコンセプトに東京都美術館で開催された展覧会「TURNフェス」において、インターンに参加したネパールやフィリピン出身の高校生・若者が中心となり、一般参加者の方と一緒に、同展に集う人々の多文化・多様性を考えるワークショップをツアー形式で開催した。TURNフェスを巡りながら、「食」、「ファッション」、「宗教」、「ダンス」、「国」など、様々な文化を写真に撮影していく。そこから6枚を選んで印刷し、ルービックキューブを作りながら、異なる文化に対する新しい視点や発見をシェアするグループワークを行った。「文化」について考え、そして、美術館の中にある多様な文化を見つけるという中で、「文化」というと例えば、フィリピン、中国、

日本といった国の文化もあるが、「食」や「お茶」、「若者」などの文化もあるという声が参加者からあがったりするなど、展覧会をまわりながら、様々な文化を見つけ写真に撮っていく。ルービックキューブを作成するグループワークでは、撮った写真を共有して、どんな文化があったか、何が面白かったかなど6つの写真・文化をグループで選び、選んだ写真をシールに印刷して、そこからルービックキューブをつくった。日本のお寺の版画にネパールの寺院のイメージを重ねたり、参加者やユースの顔を並べて多様なバックグラウンドを表したり、それぞれのグループ独自の視点により、ユニークな作品がたくさん完成した。ワークショップの参加者からは「こういった形で展示をめぐり、多様性を考えたのは初めて。kuriyaのワークショップも新しい"文化"として新鮮に感じました」との感想があがった。

　ルービックキューブツアーは、ユース・スタッフが中心となり、企画開発から事前準備、当日の運営までを行った。中でも中心となって活躍したユース・スタッフの若者は、定時制高校に通い、中学生の時にフィリピンから来日したという背景を持つ。来日当時は、日本語が全く分からなかったそうだが、持ち前の頑張りを発揮して、今では日本語・英語・タガログ語・ビザヤ語を話すことができる。今回のプログラムでは、事前準備のオリエンテーション担当として、他の高校生・若者インターンに向けた資料を作成し、日英で説明を行うなどの業務をはじめ、ルービックキューブツアーでは、2つの国・文化で育った経験を活かして、日英の両方で司会進行を行うと同時に、来場者の方と展覧会を周りながら司会進行役を務めた。

　このようなインターンシップ・プログラムの中で、例えば、参加者同士の間にも、お互いの仕事をサポートし、日本語がまだ十分でないインターンに日本人のインターンが声をかけて、フォローしあうなどの助け合いが見られた。また最初は、消極的だったけれども、活動を始めると楽しそうに参加しているユース・スタッフや、日本人のユース・スタッフの中には多言語・多文化に触れるのが楽しく、この活動が拠り所になっていると話す若者もいた。例えば、学校やアルバイト先など、普段の生活ではなかなか接点のない人々との交流や社会との接点を通じて、ユース・スタッフであるインターンたちは活動を自らの居場所として捉えるようになり、オーナーシップの芽生えが見られていった。

（4）実践を経て見えてきたもの

　これまで手掛けてきたワークショップは小規模でありながら欧州協議会のインターカルチュラル・シティ・プログラムにおける多様でかつ平等なインターアクション（人的交流）という点において、1つの実践だったと捉えている。活動そのものは街づくりや都市政策に直接的に関わるものとはいえないが、若者たちが、それぞれの得意なことを活かして役割を見つけ、共に協力をしながらつくっていく。そのシンプルなプロセスこそが、違いや多様性を強みに変えて、共につくるというインターカルチュラル・シティの発想につながるものがあるように思われる。活動当初にあった外国ルーツと日本の若者たちをどう形容するかという悩みは、彼らのことを総称して「インターカルチュラル・ユース」と呼ぶようになり、解消されていった。

　インターカルチュラル・シティ・プログラムの都市政策として、多様性を好機と捉え、都市の活力や革新、創造の源泉とする趣旨は、実践の現場にいる私たちのような団体やNPOが多文化共生社会の実現に向けて活動を継続していく上でも目指す指針となるように思われる。インターカルチュラルという発想は、教育の現場や人材育成の中にも活用でき、かつ今後の多文化共生を考えていく上で、根幹となる重要な考えなのではないかと感じている。日本人・外国人という枠を越えて、社会をつくる1人の市民として生活し、暮らしていく上で、子どもや若者のうちから、インターカルチュラルな感覚を身につけ、養っていくことが今後の多文化共生を考える上で、大事なのではないだろうか。

　そして活動を経て、同じ目線で何かを共につくることや、様々なプロジェクトを若者たちと共に運営していくこと自体は間違いではないとつくり上げていった事業に手応えを感じつつも、インターカルチュラルな考え方のみでは乗り越えられない壁も感じるようになっていた。それは、東京の都市ならではの孤立と孤独、人との関係性の希薄さや地域コミュニティの弱さといったもの、そして若者支援のセーフティネットの手薄さだ。欧州の都市と比較した時に、福祉などのソフト面での社会のインフラが、若者支援の側面において脆弱だと感じたのだ。

　私たちの団体が対象とする若者の年齢層は、16歳から26歳と設定している

が、それは高校生・大学生・新社会人1～3年目にあたり、キャリア形成にとって重要な時期である。しかしながら、外国ルーツの小・中学生のための学習支援や、大人向けの日本語教室といった支援は存在するものの、若者層への支援等は手薄い状況であり、都内で外国ルーツの若者を対象に活動している団体は、設立当時、私たちぐらいしかいなかった。

　現場で若者たちの声に耳を傾けていると、私たちによる活動や支援だけではどうにもならない壁があることに気付かされていた。せっかく入学した高校を中退してしまったり、卒業しても具体的な進路の道筋が立てられずにアルバイトを続けたり、不安定な非正規雇用のまま日々を暮らしている若者たち。そのような若者たちから、例えば福祉分野の専門性が高いレベルで求められる相談事項も少なくなかった。

　これまでの活動の中で、彼らが共通して語る現状をよく表す言葉がある。「相談する相手がいない」というものだ。進路や生活のことなど親に相談したくても、日本語や文化が分からないので、身近に相談できる大人がいない。そして「機会（Opportunity）がほしい」と言う。自ら成長する機会が欲しくても、どうすればそういった機会と出合えるのかが分からない。彼らの言葉からは「社会からの孤立」や「機会の少なさ」という課題の存在を感じてきた。

　外国ルーツの若者たちが直面する困難を解決するためには、彼らを包括的にサポートするための仕組みが必要だ。これまで10年間の活動で接してきた若者は300人以上となるが、彼らと接する中で、ユースワーカー、ソーシャルワーカーといった人材に加えて、人とのつながりや居場所など、様々な側面からの支援や育成が必要だと感じるようになった。

（5）未来のインターカルチュラル・シティの担い手を育てる

　これまでの実践で身をもって感じてきたのは、様々な背景にかかわらず、居場所と役割があると人はいきいきと成長し、活躍していくということだ。私たちの実践は、これからの多文化共生社会に向けて、街をつくり、人をつくる活動とも言えるのかもしれない。

　グローバリゼーションが進む現在において、様々な違いや多様性と接する機会が増えている中で、違いは時に摩擦や緊張を社会にもたらすこともある。そ

の時に、様々な違いを否定するのではなく、社会をより豊かにする強みとして認識し、活かしていくことで、私たちの社会は、より一層豊かになると思っている。それは、ある意味、人々にインターカルチュラルな居場所と、自分の強みを活かせる役割を与えていくことで、多様な人々が社会に帰属意識を抱き、そしてオーナーシップを持ち、共に社会をつくっていくということだとも言えるのかもしれない。

　私たちの活動では、外国ルーツの若者たちと日本人の若者たちの両者を未来を担うインターカルチュラルな人材と捉え、社会を切り開いていくポテンシャルをもった人材と見なしてきた。彼らの視点やその目から切り取った世界は、時に私たちがこれまで持っていた価値観に新しい見方を提供する。

　街はつくる人がいてこそ、豊かになっていく。だからこそ、人を育てていくことが重要で、人材育成がなければ、街づくりは表面的なものになってしまうとすら感じている。多様性を尊重し、異なる文化をつなぐ経験を持ち合わせた人材の重要性がますます高まっていく中、インターカルチュラルな若者を育てることは、東京の未来を考えることにつながっていくのではないだろうか。

第15章
「異者」への処遇をめぐる対立と葛藤、残しえたこと

金宣吉

日本のインターカルチュラリズム理解は、まだ嚆矢の段階にある。異なる者たちの関係について、新しい理念を出す時には、つくられてきた関係への視座が必要である。

本章では、1960年代後半から70年代中盤に高校生となったマイノリティと関わる教員らが兵庫の高校で直面した問題とその後を歴史に位置付け直すなかで、インターカルチュラリズムには何が必要なのかを考えたい。

外国人の進路確保が困難な時代状況において、定時制高校生らによる不正を糾す活動は、就職差別への取り組みや少数者と多数者が育んだ関係づくりにつながった。それは、葛藤を伴う厳しいものであった。

それでも「違い」のなかに閉じこもらず、勇気をもって少数者の抱える課題を他人事とせず引き受けたものであった。それは、今あらためて振り返る必要があると思える関係である。

（1）定時制高校生徒の怒りと学校改革

1968年8月、県立湊川高校（定時制）でのクラブ活動費の審議のなかで、育友会費の不正使用が発覚した。管理職と兵庫県教育委員会（以下、県教委）幹部らが使った繁華街での飲食費、芸者費用や土産代まで支出されていた。

神戸のインナーシティにある同校には、経済的に恵まれない青年たちが650名、働きながら通っていた。被差別部落、外国籍（在日朝鮮人[1]）、単親世帯といった被差別の側に立たされる生徒がかなりの比重を占め、彼（女）らの質

金から出した育友会費の不正使用は許されないことであった。

　生徒代表とほぼ教職員全員が県教委に出向いて抗議行動を続けた。9月に県教委が学校に赴いて謝罪、不正に使われた費用の弁済と育友会費廃止（県費で補塡）などを確約した。

　被差別の側に立つ生徒らが生活を語りながら教員を突き上げ、「生徒の生活の実態とその痛みを知る」ことで教員らは、考え方を変革しつつ「行政の壁も後退させることができるのだと自信を得た」（吉田 1975）。

　「一斉糾弾」は、他校にも波及した。変革により職場（高校）を去る者らも出たこの取り組みに評価を一概に下すことは困難だが、被差別の側の生徒の環境改善に大きく寄与したことは明らかであった。

（2）外国籍（在日朝鮮人）生徒の進路保障——就職差別反対闘争へ

　被差別の側の生徒の大半が就職していた当時、喫緊の課題は就職差別であった。被差別部落、貧しい家庭、単親世帯、外国籍であることによる不利な就職を改善すべく、教師らは採用側と対峙していく。

　まず取り組まれたのは、被差別部落生徒の進路保障だった。「部落民は採りません」といった露骨な差別だけでなく、実質的に応募を阻む出願資格もあった[2]。

　1970年、兵庫県、西宮市、神戸市が、採用試験で家族の勤務先・職種・資産まで調書に書かせた上、興信所を使って調査していたことが発覚する[3]。教員らの取り組みを受け、不採用者の再評価を行い、神戸市は部落生徒6名と母子家庭生徒2名、兵庫県は60数名採用に転じた。このことで教員らは、厳しい環境の中で生徒がいかに努力して生きているかを伝達する必要を認識した。

　外国籍生徒には、より露骨な排除が続いていた。「朝鮮人はとらない」という排除があり（朝見 1975）、「門戸を開放してやっている、施してあげている」というような姿勢の企業も見られた（原田 1975）。親の職業選択の狭さゆえの困窮、結果生起する家庭崩壊などの困難に国籍が加わり、より高い差別の壁が立ちはだかっていた。学校の取り組みで就職できる場合もあったが、是正すべき側の行政による排除が浮き彫りとなり、国籍条項への取り組みが俎上に載る。

法律に制限はなく、労働法は国籍差別を禁じているのに公務員試験は外国籍を排除していた。教員らは、この問題に挑んでいく。1973年、阪神6市1町で国籍条項が撤廃され外国籍生徒採用が実現する。

　後に「送り込んだ生徒」と表現されたようにアドバンテージがあったとみられる。合格者には幸運だったが、高校と採用自治体の閉じられた関係性に立脚した一般化できない採用でもあった。

（3）在日朝鮮人の「鋳造」と就職運動凍結

　しかし、翌年を最後に組織だった外国籍生徒の公務員受験は終わる。

　1976年3月、兵庫県高校進路指導研究会（進指研）は「公務員への就職については、私たちは今後これを凍結する」との方針を明らかにした。出入国管理法の理解が進んでいない自治体に在日朝鮮人が働くリスクと、公務員になることで日本人化する「同化」への懸念とされた（藤川・薮田 2018）。

　法の課題は企業でも同じため、撤廃を進めた側が、自治体の法的地位理解が期待外れだからといってわずか2年で運動を凍結した背景には他の事情があるように思えるが、大勢の意見として表明された。「同化」は、運動を進めた側と登用された在日朝鮮人によって作られたレトリックであったように思える。

　生活の厳しさと歴史教育や文化保障の不在が自己否定を蔓延させる中、湊川高校などでアイデンティティ保障の一環として朝鮮語が授業として導入され、1973年に金時鐘（林大造）[4] が同校朝鮮語教員として招かれた。東西対立が影響を与えていた時代、教員リーダーらが導いた「正当」な在日朝鮮人は、左翼運動を担ってきた林大造になったのだろう。

　この時期は、共産党と部落解放同盟の激しい対立も影響し県教委の態度が硬化した時期と重なる。運動側の立場が弱まるなか、湊川高校は県教委に融和的な方針に転じた。

　林大造は、「1945年8月15日まで、朝鮮人の青少年たちの夢は、町村の吏員になることがすべてだった。……官吏になることは同化の道ゆきだ。……公務員への就職を食えるからとか、金になるからというだけの、市民的権利の拡大だけに短絡させてはいけない」と書いた（藤川・薮田 2018）。自らが登用した在日朝鮮人の後ろ盾も得て、進指研は就職した公務員卒業生の引き上げまで

言及している。

今につながる課題として、主流者（日本人）が、自らが登用した非主流者（在日朝鮮人）と「在日朝鮮人」という「異者」の在り方について、予定調和で決めていく構造があったと考える。

多くが蔑みの対象となる中、ごく狭いなかで尊ばれる「異者」があらわれる。尊ばれる「異者」には、見たいステレオタイプが生み出す幻想がよく付与される。尊ばれた「異者」が意に沿う意見を表明し多くの朝鮮人が制約を受ける構図は、思想の右左を考えなければ、皮肉にも林大造が批判した「吏員」の果たした仕事と変わりない。

国籍条項撤廃運動は、あるべき「異者」の「鋳造」に阻まれ、まずは凍結となった。

凍結宣言半年後の 1976 年 9 月、「一斉糾弾」と関係しない市立西宮西高校定時制が、電電公社（現 NTT）の国籍条項撤廃を求め行動を起こす（藤川・薮田 2018）。電電公社が生徒の願書を突き返すと、同高職員は「進路保障の問題として取り組む」ことを決議する。凍結宣言を知る電電公社は強気の姿勢に出たが、教員全員での抗議などを重ね 1977 年 9 月に電電公社は国籍排除を見直した。

凍結宣言後、運動は公務員就任を止める側と推進する側に分裂するが、教員の多くが進路保障の取り組みを進めた。しかし、既存組織との連携を伴うものでも学校ぐるみでもなくなった。

在日朝鮮人は戦後、外国籍とされ、祖国は分断し戦争で疲弊し、日本人からの蔑視感情も払拭されず、制度的、意識的な差別も常識となっていた。公務員就任については、方針や教員らとの関係から民族組織も関与することができない状態であった。

日本人「後見者」の力が必要とされていた。在日朝鮮人生徒が、公務員への扉を叩くことも重い扉を開けることも手を差し伸べる日本人に出会えるか否かという偶発的な出会いにかかっていた。

（4）自治体公務員国籍条項への国の介入

　日本は、外国人教員特別措置法（1982 年）で大学教員に関しては門戸を開放しつつ、国公立小・中・高教員への国籍制限を強化していく。1983 年、「公の意思の形成」の参画に携わる職務ゆえ任用は認められないと解釈を拡大した。

　外国籍教員が教諭[5]に就任していた自治体でも、採用選考に国籍要件を復活・追加する、また採用しない教育委員会が登場した（広瀬 2018）。

　運動を担った元高校教員の神谷重章は、国籍要件撤廃後の 1982 年から 1989 年の兵庫県教員採用選考に合計 200 名以上の外国籍大学生らが試験に挑んだと思われるが 1 人も採用されなかったと述べた[6]。神戸市教委も全く採用しなかった。

　情報を収集すると、外国籍受験者は、本籍地によって別番号で区分され、外国籍受験者の自己採点が、採用された日本人同級生の自己採点より高得点だったことも摑む。合格ラインに達した外国籍受験者を意図的に排除していたとみられる。それでも 1990 年採用試験で県教委が日本名（通称名）で受験した韓国籍者を採用した。県教委はこれを文部省に報告せず、神谷らも事後に知らされた。

　教員採用は、1990 年の日韓法的地位再協議でも課題の 1 つとして取り上げられる。民団などの要望も受け国籍制限撤廃を求めた韓国と、「当然の法理」を文書に盛り込むことを主張した日本側の隔たりは解決しないまま、日韓の覚書が妥結した[7]。公立学校教員の門戸が全国一律に開放されたが、「常勤講師」採用という制限が図られ、教諭として採用があった大阪、東京、三重、愛知では採用形態の後退をみた。

　県教委や神戸市教委は、常勤講師としての採用を明記し、1992 年教員採用試験で県教委が在日韓国人 2 名と在日中国人 1 名を採用、神戸市教委は在日韓国人 1 名を採用した。

　現在ではベトナムやブラジル国籍の常勤講師も採用されている。91 年時点で韓国でさえ疑問をもつ方針を踏襲する限り、外国籍で採用された教員は、帰化しないと主任、教頭、校長などへの道を閉ざされている。学校に国籍によるヒエラルキーを持ちこむことは、国際化、グローバル化と矛盾しないのかと考

えると疑問は深まるばかりである。

（5）「多文化共生」とインターカルチュラリズム

「国籍や民族などの異なる人々が、互いの文化的ちがいを認め合い、対等な関係を築こうとしながら、地域社会の構成員として共に生きていくこと」という総務省による「多文化共生」定義が、全国に流通、定着している。

しかし、「国籍や民族などの異なる人々」の間には、そもそも力関係に圧倒的な優位性の違いがある。移民背景を持つ者の多くが、出自を明らかにしにくい社会構造があり、物事を決定する際にその意見は、軽視されがちである。

「多文化共生を推進していくためには、日本人住民も外国人住民も共に地域社会を支える主体であるという認識をもつことが大切である」とする一方で、公立学校の教壇に常勤講師という職種でしか立てず、主任になることも許されない外国人住民が、「社会を支える主体」というモチベーションをいかに維持、醸成できるのか。1970年代より後退している状況をまず再考する知性、感性が求められているように思えてならない。

インターカルチュラリズムにおいて最重要とされるインターアクション（交互作用、相互作用）における、「違いを超えた、日常の出会いのための条件」づくりには、出会いの場に著しい構成の歪み、ヒエラルキーや固定化した役割分担、相互作用を生み出しにくい予定調和が期待される「多文化」当事者の選定などをまず無くすことが必要である。

しかし、総務省や各地で作られる「多文化共生」指針や報告書策定メンバーは、圧倒的に日本人の研究者、行政関係者、支援者で占められている。古くからの外国人多住地域でも在日コリアンや華僑がいないメンバー構成もよくみられる。議論を進める座長は、日本人研究者が務めることも定型となっている。知識や意欲を伴った人を選んだ結果だとしても、真っ向から人と人が向き合うインターアクションにはならないだろう。

「平等性を確保するとともに、多様性を受け入れる方策が伴わなければ、多様な人々が混ざった地域や学校、組織、公共スペースをつくることは新たな偏見や差別を生み、逆効果」となりうる。多くのマイノリティが在籍しているのに平等性の確保も多様性を受け入れる方策もなかったかつての定時制高校では、

厳しい生活が生み出す結果（学力不振など）ばかりへの注目が新たな偏見や差別を生み出していた。

そのことに向き合い、学校づくりを進めようとしたかつての取り組みにおいては、関係を超え、人として互いを「起こし」あう相互作用があった。だが今語られる多くの「多文化共生」の中で、こうしたインターアクションを見出すことは難しい。

「多文化共生」は、言葉の響きが心地よいためか急速に広がり浸透している。だが現状では、多様な人々が対等な立場で相互作用を果たせる社会を担保しているとはいいがたい。多文化主義でもインターカルチュラリズムでもない「多文化共生」になっていないか、今一度検証する必要があるように思える。

（6）さいごに――対立と葛藤を踏まえ残しえたこと

多様な背景をもつ市民を包摂し、都市を発展させるインターカルチュラリズムの定着には、「異者」への処遇をめぐる対立や葛藤の歩み、出会いが何をもたらしたかを検証することが肝要である。

兵庫県下の高校において生起した取り組み、教員らが進めた学校改革と進路保障、人権保障の取り組みは現在の基準で見ても先駆的なことが多い。

しかし現実を踏まえない教条主義、方針転換や分裂、権力による締め付けもあり、現在までの継続や波及から考えると一過性の取り組みだったともとれる。

外国人の公務就任については、方針転換が影響し懐疑的な考えが示されもした。

多様性の尊重と共生とは何かという問いに「インターカルチュラルシティ（ICC）」の理念は、いくつかの答えを返すだろうが、「異者」とされる人々があげた声と受け止めた関係者が進めた取り組みについて振り返ることがないと核心から外れ、空虚なものになるのではと危惧している。

日本では、「対立」することが、禁忌もしくは避けるべき状況と捉える傾向が強い。紛争のための「対立」は不毛だが、「異者」への処遇をめぐって生まれる当たり前の「対立」を避けるために、ただ蓋を閉めていくような対応がいいのだろうか。

国籍や民族などで優位性に差異がある人々が暮らす社会で、劣位におかれる側から出される処遇見直し要求は、概ねまず「対立」を生み出す。「対立」において、劣位に立つ側の主張に一体化する者、共感する者、逡巡する者、傍観する者、反発する者、弾圧する者等様々な対応が現れるが、解消を導き出すには、「文化的ちがい」の認証ではなく、「公共の福祉と基本的人権の尊重」という価値観の共有に沿った道筋づくりしかない。

　公的機関で働く人々が、劣位に立つ側の主張が正しいと思っても、優位に立つ国籍や民族の代表・上部機関の反対で受け入れられない時、組織として、個人としての葛藤は著しい。だがその過程で学ぶことは、違いを抱える人々が暮らす社会で公的機関とそこで働く人にとって貴重で意味ある経験だと思える。

　県教委が、常勤講師採用の始まる前年、1989年採用試験で1人の外国籍受験者を採用した。採用にあたって生じた葛藤が深かったことは容易に推察できる。担当者は、違いを認めたのではなく、公正に選考をしたのだろう。公正な選考をすることが極めて困難な状況だったが、その選択をした。その「思想と人間性」が歴史に表出していくことはなくとも心に留めるべきことかと思う。

　優位性を持つ側、ありていに言えば日本人が、採用、登用に決定権を持つ社会では、運動を進める側が送り出す外国人も、採用する側が選抜、登用する外国人もその過程に、外国人の上司や同僚、部下が関与できる環境は少ない。インターアクションのない他者理解には、概念化された他者像を創造していくことが多いため誤謬も生じやすい。

　国籍、民族、言語、歴史背景の違いがある人々が暮らす社会において、公的機関がすべきことは多く、何をなすべきかとても難しい課題である。対象をカテゴライズすることなしに業務として成り立たせることもできない。

　「教育」や「福祉」といった事業課題や「高齢者」、「子ども」といった対象分類が業務のためになされているが、上記の分類だてとは異なる形で在日外国人、多文化共生の事業・業務はカテゴライズされている。

　そもそも子どもから荼毘にふせられるまで続く外国人住民の課題を分類するのに「多文化共生」で対応することが妥当かという問題がある。

　取り組む課題のために依頼する「多文化共生専門家」が果たしている役割については、依頼する側の姿勢もあると思えるが、ステレオタイプの強化や流布

につながりかねない状況もある。

「違いを認める」、「多様性を承認する」には、言葉や文化などの違いに着目した配慮ということでもあるが、違いや多様性のみに焦点をあわせることで本来確認すべき価値の共有、作っていくべき価値の創造、平等や公正の追求の足枷になることもある。

劣位におかれやすい在日外国人住民らの生きづらさは、「違い」に対する理解に矮小化すると見えなくなることもある。

外国人に割り当てられる位置付け（3K労働の担い手、性的搾取の対象等）や在留資格の不安定、国籍条項といった問題は、ホスト社会のあり方と支えている構造に向き合わないと解消できない課題である。

公的機関を相手に「多文化共生」をテーマで生業をしている「専門家」の中には、違いをテーマとしたブローカーにしか見えない者もいる。

外国人、外国につながる人々、本章ではあえて「異者」という言葉で表したりした人々と多数者に必要な公的機関の仕事は、ステレオタイプによる誤った理解の流布や拡散を防ぐこと、生み出されている困難な状況を改善すること、地域の実情に応じたコンプライアンス（社会規範を守ること）を貫くことにあるのではないかと思っている。

かつて兵庫県の高校生らは、「被差別部落だから」、「家が貧しいから」、「国籍が違うから」、「片親だから」というカテゴライズにつながるネガティブなステレオタイプによって就職を閉ざされた。

状況を変えようとした人々は、まず、働くことに必要な本人の能力と適性のみで採用すべきという原則に則り、不必要な情報収集（本籍、世帯収入記載、親の職業の質問）をなくし、カテゴリーによる排除を阻んだ。同時に排除される側に立たされてきた生徒は、社会が生み出した困難によって潜在的な能力を開花できていないことを採用する側に発信した。そしてあるべき配慮と社会規範を求めて動いた。

それは、既存秩序との対立を生み出した。何も秩序を守り存続する側にだけ生み出されたのではなく、ともすれば既存の秩序に慣らされた被差別の側に立つ生徒にも過度な干渉や余計なお世話として忌避されることもあった。生徒の中には、自らの出自を晒すような関与に対しては、明確な拒否反応を示す者も

いた。良かれと思って進めたことが、既存の秩序との摩擦を避けるため阻まれる時、人々の多くは葛藤を抱える。

　葛藤を抱えない人は、秩序の維持、変更、いずれの目的を果たそうとするにせよ手段についての躊躇いを持たない者たちである。往々にしてその類いの者たちが、立場は異にしても人を犠牲にする。

　国民に包含されていても「異者」とされる人々、植民地支配や移住労働などによって国境を越えて移住した「異者」が、尊厳を傷つけられることなく暮らせる手段が求められつづけている。

　インターカルチュラリズムは、ケベックやバルセロナ（カタルーニャ）といった、地域に根差した文化を作り上げてきた人々と新たに流入した人々の葛藤、同化主義も多文化主義も何らかの押しつけになることへの危惧のなかで生まれた。地域が守り培ってきた言語や文化を基盤に、新たに流入する移民と共に人種主義と闘い社会統合を目指すことが現実に叶っているとの考えに基づいた結果であろう。

　「外国人」とされる人々と圧倒的な優位性を持つ「日本人」の関係づくりは、新しい課題ではない。しかし日本は、植民地から移住した人々を市民権のない外国人とし、経済成長期、地方出身者で労働力不足を補い、欧州が経験した外国人労働者受け入れも経験していない。人道的な難民受け入れもインドシナ難民以外には背を向けていたため、継続した移住者受け入れとそれに伴う社会統合論議も一般化しなかった。

　1990年代に入って、外国人との共生が公的機関の課題としてとりあげられるようになったものの、議論は、歴史を十分踏まえたものにならなかった。そして、波風立たない「互いの違いを理解して仲良く暮らしましょう！」程度の「多文化共生」スローガンに落ち着き、関係のあり方について、意識的か無意識か深くは掘り下げられずにきた。

　「違い」は時と共に変化、変容するものであり、静態として理解すると、「違い」の見えない・見えにくい人々と共生するための課題を見落としていく。そこでICCは、多様性の前に平等が原則として掲げられ、そのメッセージをマイノリティだけでなくマジョリティに発信する重要性を訴える。

　半世紀以上前、高校生らが始めた不正を糾す活動が、就職差別、公務員国籍

条項撤廃運動まで波及したことは、貴重な歴史である。

そこには、種々の葛藤を克服し懸命に動いた者がいた。ただ今、そのことを知る人は少ない。

それでも本章に「残しえたこと」と書いたのは、「違い」による選別を概ね多数者の認識、評価によって引き受ける側にとって、当事者が関与する平等で差別のない社会づくりがどれだけ大切か、今も色あせず示しているからである。

生徒の苦境に対して、互いが「起こしあう」関係を作ったことで、閉ざされた扉を葛藤しながら叩く勇気を作り、扉を叩かれた側にも扉を葛藤しながらも開く勇気を持った人が出た。

複雑で厳しい問題から逃げないことが、平等で多様性の尊重される都市づくりには必要である。行政組織のあり方、事業の形を決める権限のほとんどを公的機関で働く人々が持っている以上、その人たちの力量が試されている。

注
1) 以後、概ね当時の使用状況を踏まえてこの言葉を使うが、場合によって異なる表現も使う。
2) 「畳数が一人当たり二.五以上ある家庭の子女」などの条件が、困窮する家庭が多かった被差別部落に住む生徒の進路を狭めていた。
3) 差別的な選考の実態については、例えば中川（1975）を参照。
4) 1929 年釜山生まれの詩人・朝鮮文学者。1948 年の済州島四・三事件から逃れて来日し、在日朝鮮人団体の政治・文化活動に参加した。
5) 同じ教員免許資格保有者かつ教員採用試験合格者であっても、「教員」と後述する「常勤講師」は立場が異なる。後者は昇進等において制限があり、主任や教頭、校長などになることができない。
6) 2021 年 6 月 30 日著者インタビューより。
7) 詳細については中島（2018）を参照。

参考文献
朝見賢二（1975）「Ｔ熱学就職差別糾弾闘争――破られた差別の壁」兵庫解放教育研究会編『就職差別反対闘争』上巻、（解放教育新書 4）明治図書。
後藤和人（1972）「生徒の摘発から教師が立つまで」兵庫県。
中川福督（1975）「就職保障の闘いが明らかにしてきたこと」『部落解放』64: 100-16。
中島智子（2018）「「91 年覚書」に至る日韓政府間交渉の経緯とその後」外国籍（ルーツ）教員研究会『グローバル化時代における各国公立学校の外国籍教員任用の類型とその背景に関する研究　研究成果報告書』関西大学。
原田嘉男（1975）「人間評価をめぐる企業との闘い――在日朝鮮人就職差別事件公開行政

　指導メモ」兵庫解放教育研究会編『就職差別反対闘争⊕』（解放教育新書 4）明治図書。

広瀬義徳「グローバル化時代における外国籍教員の実態解明と課題の明確化に向けて」外
　国籍（ルーツ）教員研究会『グローバル化時代における各国公立学校の外国籍教員任用
　の類型とその背景に関する研究　研究成果報告書』関西大学。

兵庫解放教育研究会編『就職差別反対闘争⊕』（解放教育新書 4）明治図書。

兵庫県立尼崎工業高校教師集団（1973）『教師をやく炎』（三省堂新書）三省堂。

兵庫県立湊川高校教師集団（1972）『壁に挑む教師たち』（三省堂新書）三省堂。

藤川正夫・薮田直子（2018）「常勤講師の制度的矛盾が露呈する近畿の現場」外国籍
　（ルーツ）教員研究会『グローバル化時代における各国公立学校の外国籍教員任用の類
　型とその背景に関する研究　研究成果報告書』関西大学。

吉田弘（1975）「教師集団のたたかいの記録」兵庫解放教育研究会編『就職差別反対闘争
　⊕』（解放教育新書 4）明治図書。

第16章
国際交流基金と
インターカルチュラル・シティ

原秀樹

　国際交流基金（ジャパンファウンデーション）では、かねてより欧州評議会（Council of Europe）と共に、人権、民主主義、法の支配の分野から様々なテーマを取り上げ、欧州と日本との知的交流を推進してきたが、2009年からはインターカルチュラル・シティをテーマに、各種取り組みを実践してきた。同じパートナー組織と一つのテーマで10年以上にわたって協働することは、国際文化交流の現場では実は極めて稀なことである。以下、その取り組みの歴史を振り返り、今後を展望したい。

（1）黎明期——インターカルチュラル・シティとの出会い

　この長期的なパートナーシップは、2009年4月に欧州評議会が主催したシンポジウム、「インターカルチュラル・シティ・プログラム／多様性をマネージする：より強い共同体、より良い都市」会議（オランダ・ティルブルフ市にて開催）に元浜松市長で多文化共生の研究者・実践者である北脇保之東京外国語大学教授（当時。以下各人の所属や肩書も同様）を派遣したことに端を発する。このシンポジウムは、前年の「欧州における異文化間対話年」の成果を踏まえつつ、「クリエイティブ・シティ（創造都市）」の流れを汲むインターカルチュラル・シティの実践を目指して、欧州の11都市が参加した極めて挑戦的な試みだったが、これがきっかけとなり、同年10月にはこれら11都市のうち、ヌーシャテル市（スイス）、パトラス市（ギリシャ）、ティルブルフ市（オラン

ダ）からの代表と、「インターカルチュラル・シティ」の提唱者であるフィル・ウッド氏（英国）をはじめとする専門家を日本に招へいし、日本の地方における「多文化共生」の実例として可児市・美濃加茂市（岐阜県）と神戸市（兵庫県）を視察した後、東京にてシンポジウムを行った。このシンポジウムで欧州の専門家から、日本の地方自治体による「多文化共生」の取り組みは「インターカルチュラル・シティ」と相通ずるものであり、今後は欧州のこれまでの経験や失敗から学び、日本にいる外国人に対してチャンスを与えることが重要だとの指摘があった。このシンポジウムでは、欧州側の参加者が「欧州の都市では外国人住民の比率が数十％～半数程度になってから慌てて共生への取り組みを始めたのに、日本ではまだ数％（当時）の段階から着々と準備をしていることに感銘を受けた」と口々に述べていたのが印象的だった。

　国際交流基金は翌年（2010年）10月にも欧州への視察団を派遣した。今回は西川太一郎荒川区長を団長に、山脇啓造（明治大学）、毛受敏浩（日本国際交流センター）、山口考子（庄内国際交流協会）、前川浩之（朝日新聞）、上原亜紀子（朝日新聞）、上原克文（高崎市）など錚々たるメンバーによる視察となり、訪問先であるヌーシャテル市（スイス）、レッジョ・エミリア市（イタリア）の病院、公共施設や市民活動の現場を見て回った。また公開コンファランスにも参加した。帰国後の2011年1月、視察団のメンバーに加えて東京都下の2つの区（新宿区・大田区）の区長、副区長をゲストにお迎えし、視察報告に加えて日本の多文化共生の取り組みの現状と課題を議論するための多文化共生都市セミナー「東京の多文化共生を考える～ヨーロッパの『インターカルチュラル・シティ』を参考に」を開催した。

（2）成長期——日韓欧ネットワークの構築

　これ以降の取り組みは、この時の視察団の一員でもあった山脇教授（明治大学）のイニシアチブで進んでいく。当時、外国人集住都市会議のアドバイザーを務めていた山脇教授からは、日欧に加えて韓国の自治体首長が参加する多文化共生都市サミットの開催の提案があった。それを受けて、国際交流基金では、2011年8月に欧州評議会のイレーナ・ギディコヴァ氏（文化政策・多様性・対話部長）を招き、韓国多文化学会との共催で、ソウルで多文化共生都市国際

シンポジウムを開催、またその直後に東京で自治体職員対象の多文化共生都市非公開ワークショップ「欧州のインターカルチュラル・シティから何を学べるか」を開催した。東京でのワークショップに参加した浜松市は、その後日本でのインターカルチュラル・シティ推進の立役者となっていく。

第1回目のサミット「日韓欧多文化共生都市サミット」はその翌年2012年1月に東京で開催され、浜松市長、新宿区長、大田区長をはじめ、欧州からコペンハーゲン市（デンマーク）、ロッテルダム市（オランダ）、ダブリン市（アイルランド）の首長らが、韓国から光明市、天安市、光州市光山区、ソウル市九老区の首長らの参加が得られたほか、駐日韓国大使館、韓国文化院、財団法人自治体国際化協会（CLAIR）、財団法人全国市町村国際文化研修所（JIAM）、内閣府、総務省、外務省、文化庁からも後援を受けるなど、非常に規模の大きなものとなった。そしてサミットでの議論も会議の規模に負けないほど充実したものとなり、最終的に参加した日韓欧の首長らが「多文化共生都市の連携を目指す東京宣言」を採択し、「文化的多様性を都市の活力、革新、創造、成長の源泉とする新しい都市理念を構築」するために連携しあうことを約束するに至った。2011年は東日本大震災があった年でもあり、第1回サミットの実現には多くの困難があったが（実際、ソウルでのシンポジウムや東京での自治体職員向けワークショップは当初2011年3月に開催予定だったが、夏まで延期せざるを得なくなった）、今思えば、あのような大災害を目の当たりにしたからこそ、都市間の連携の重要性について驚くべき速さで合意形成が出来たのかもしれない。

第1回サミットに参加した鈴木康友浜松市長からは、インターカルチュラル・シティの理念に深く賛同したこともあり、2回目のサミットを是非浜松市でとの提案を受けた。そして2012年10月、浜松市、国際交流基金、自治体国際化協会、欧州評議会の共催のもと、第2回サミット「日韓欧多文化共生都市サミット2012浜松」が浜松市で開催された。このサミットには日本、韓国、欧州の（第1回サミット参加都市に東大阪市を加えた）11都市の首長、副首長や担当課長等が参加した。市民協働や、多様性を活かした都市づくり、インターカルチュラルな社会統合などのテーマに関する議論が繰り広げられ、最終的に「国際的な枠組みで知見や経験を共有し、各都市においてより良い政策を

実施するため国内外の多文化共生都市の連携を一層推進する」ことを謳った「浜松宣言」が採択された。またサミットと前後して欧州評議会が主催するインターカルチュラル・シティのためのビジネス・パートナーシップに関する国際会議（スペイン・サンセバスチャン市で開催）にも山脇教授のほか、日本の自治体関係者を派遣し、現場の担当者同士での情報交換の機会を提供した。

　その翌年の2013年10月には、今度は韓国の安山市がホストとなり、同市と全国多文化都市協議会（韓国）、国際交流基金、欧州評議会の共催のもと、第3回目となるサミット「日韓欧多文化共生都市シンポジウム－2013安山サミット－」が実施された。これは韓国で開かれた多文化共生関連イベントとしては初めてのものとなった。このとき日本から出席したのは山脇教授、鈴木浜松市長のほか、浜松市、新宿区、大田区、長浜市（当時の外国人集住都市会議座長都市）の担当課長だった。また韓国側からは仁川広域市南洞区長、光州広域市光山区長が、欧州からはダブリン市（アイルランド）副市長代行、スボティツァ市（セルビア）市議会議員、ビルバオ市（スペイン）副市長が参加した。 首長サミットの最後に、日韓欧の連携を謳った「安山宣言」が採択された。他にも欧州評議会が主催したインターカルチュラル・シティのインパクト評価に関するセミナー（ストラスブールにて開催）に日本から専門家・実務家を派遣したほか、国内では名古屋、神戸、福岡、東京の各都市で、英国とイタリアより専門家を招き、多文化共生に関するセミナー「多様性を活かしたまちづくり・ひとづくり」を実施した。

（3）成熟期──日本初のインターカルチュラル・シティの誕生

　2014年の欧州評議会主催セミナーのテーマは外国人住民の増加に伴う住民構成の多様化と防災だった。このセミナーにも日本の現場で活躍する専門家2名を派遣し、帰国後「多様な社会における住民保護と防災」についての公開報告会を仙台にて実施した（共催：公益財団法人仙台国際交流協会、後援：第3回国連防災世界会議仙台開催実行委員会）。

　さらに2015年にはオスロ市（ノルウェー）で開催されたインターカルチュラル・シティに関する会議 "Building trust in diversity: universities and cities joining forces" に日本から専門家を派遣し、帰国後、公開セミナー「大学と行

政でつくる多文化共生の未来」を開催したほか、ヨーロッパでも先進的といわれるバルセロナ市（スペイン）の多文化共生政策策定時の中心人物であるダニ・デ・トーレス氏を日本にお招きし、バルセロナ市の多文化共生政策と具体的な取り組みについてご紹介いただいた。

2016 ～ 2017 年は日本の多文化共生政策にとってはエポックメイキングな年となった。まず 2016 年に欧州評議会主催のセミナー "Tackling prejudice and engaging with religious minorities" に日本から 2 名の専門家を派遣し、宗教的マイノリティに対する偏見や差別の問題を議論していただいた。また同時期に、鈴木浜松市長と山脇教授はストラスブール市（フランス）で欧州評議会が主催した世界民主主義フォーラムに招請され、浜松市や日本の多文化共生の取り組みについて発表した。その際、鈴木市長は欧州評議会からインターカルチュラル・シティへの加盟の要請を受け、帰国後早速検討を始めることになった。そして翌 2017 年 10 月に、浜松市と国際交流基金の共催で実施した国際会議「インターカルチュラル・シティと多様性を生かしたまちづくり」の中で浜松市はアジアの都市では初めてとなる「インターカルチュラル・シティ」への加盟を発表した。

国際交流基金では、その後も毎年欧州評議会が主催する会議やセミナーに専門家の派遣を続けた。日本国内では 2018 年 12 月に、外国人集住都市会議の主催、国際交流基金の後援のもと、「インターカルチュラル・シティ・セミナー」が開かれ、全国から約 40 名の自治体職員が参加した。山脇教授のコーディネートのもと、会場とオーストラリアをオンラインでつなぎ、バララット市とメルトン市の担当者と、インターカルチュラル・シティ専門家のリンダ・フォード氏から報告を受けた。また、同じ年に国際交流基金が欧州評議会主催のジュネーブでのセミナーに派遣した豊島区、文京区、自治体国際化協会の職員からの報告もあった。

そして 2019 年 10 月、浜松市と国際交流基金は都市・自治体連合アジア太平洋支部（UCLG ASPAC）との共催により都市間連携国際サミットを浜松市で開催した。多文化共生をテーマとするパネル討論では、ボートシルカ市（スウェーデン）の市長とバララット市（オーストラリア）の副市長が鈴木浜松市長と意見交換を行い、持続可能な地域づくりに向けて、域内の多様性の活用と

インターカルチュラル・シティ間の連携の重要性について問題意識を共有した。

2021 年は日本が欧州評議会のオブザーバー参加国となってから 25 周年となる記念すべき年に当たるが、残念ながらコロナ禍により国際首長サミットのような大きな会議は開催できなかった。代わりに、山脇教授とスペインのインターカルチュラル・シティを研究する一橋大学大学院の上野貴彦氏によってインターカルチュラル・シティの入門書『自治体職員のためのインターカルチュラル・シティ入門』が欧州評議会から日英 2 言語で出版された。また同書の刊行を記念し、2021 年 3 月に欧州評議会と外務省の共催、および国際交流基金と自治体国際化協会の後援により、2 つのオンライン・セミナーが開催された。第 1 回セミナーは「インターカルチュラル・シティと日本——浜松市と神戸市の取り組みから考える」をテーマに日本語で開催され、第 2 回セミナーは、"Intercultural Cities in the Asia-Pacific: Local Experiences, Regional Cooperation" をテーマに英語で行われた。

（4）まとめ——新たな飛躍期に向けて

以上駆け足で、これまでの国際交流基金のインターカルチュラル・シティ関連の取り組みを振り返ったが、冒頭に述べた通り、国際情勢の変化やそれに伴う組織の運営方針の変更、組織内人事異動に伴う担当者の「熱量の変化」など、数多くの阻害要因がある中で、10 年以上にわたり、1 つのテーマを同じパートナーと追求してこられたことは国際交流の文脈では非常に珍しいことである。特に取り組みの初期の頃には自治体関係者の間ですら「多文化共生」という言葉は聞き慣れない用語であったことを考えると、現在の状況には感慨深いものがあるが、これもひとえに最大のパートナーである欧州評議会、山脇先生をはじめとする国内外の専門家の方々、外務省、自治体国際化協会（CLAIR）をはじめとする国内のパートナー団体からの弛まぬご協力と叱咤激励の賜物である。社会の変化は 10 年程度のスパンで見ていく必要があることを身をもって体験した今、今後ますます多様化していくであろう地域社会を、より活力に溢れた住みやすいものにしていくために、引き続き多文化共生、インターカルチュラル・シティといったテーマについて海外との「学び合いの場」を提供していきたいと考えている。

第Ⅴ部

研究者の視点

第17章
欧州域外のインターカルチュラリズムと 多文化共生
メキシコ・カナダ・日本

山脇啓造／ボブ・W・ホワイト

(1) はじめに

　日本を含む先進諸国は、近年、多様性について語る新しい方法を見つけ、より包摂的な社会をつくるための政策やプログラムの立案に苦心している。実際のところ、人間社会は常に「違い」とどう関わるかという問題に取り組んできた。インターカルチュラリズムという用語は、異なるエスニック集団やコミュニティの存在を前提としており、特に第二次世界大戦におけるホロコーストの惨禍と苦悩を背景に、宗派間や宗教間の対話を通じた個人や集団による復興と和解の試みとして生まれたと言えよう[1]。その後、特に1980年代になると、国際連合教育科学文化機関（ユネスコ）や欧州評議会といった国際組織が平和と安全保障を推進する手段として、「インターカルチュラルな対話」を導入し始めた。こうしたインターカルチュラリズムの用法は比較的最近のことであり、西側先進国における文化的多様性と国家統一のパラドックスを解決する試みとも言える。本章では、インターカルチュラリズムを「社会的結束と帰属意識を推進するために多様なルーツを有する人々やコミュニティの間の肯定的なインターアクションを醸成しようとする原則と規範」と定義する。

　日本でインターカルチュラルな理念の一つとして出現した「多文化共生」は、インターカルチュラリズムが地域の歴史や文脈の中で様々な形態をとることを示したよい例である。「多文化共生」はその形式や意味において日本に特有なものかもしれないが、現代社会の急速な多様化の中での包摂と社会的結束につ

いて考える枠組みを提供することを目指した、より大きな運動の一部でもある。本章では、欧州域外の三つの都市の事例を取り上げながら、地域・地方レベルにおけるイノベーションが、多様性と包摂の観点から国際的に重要な役割を果たしていることを示したい。

（2）移民統合のモデル

　欧州評議会は、自治体による統合政策におけるインターカルチュラルな理論と実践に関する文書を 2008 年に刊行した。第二次世界大戦後の多様性という課題への対応としてインターカルチュラルな原則や理念が掲げられたのは初めてではなかったが、欧州評議会の『インターカルチュラル対話に関する白書——尊厳の平等のもとで共に生きる』（White Paper on Intercultural Dialogue "Living Together As Equals in Dignity"）は、インターカルチュラルな統合の原則を推進する上での都市の果たす役割に焦点を当てた初めての文書であったと言えるだろう。多様性はすべての社会の本質的な部分であるが、同白書における主な議論の一つは、多様性を管理する既存のパラダイム、すなわち同化主義と多文化主義は現代社会が直面する課題に対応するのに十分ではないということだった。その分析によれば、同化主義は、強力な国家アイデンティティと国民としての同質性を強調する公的言説を有する政権によって推進される。同化主義的な政権は、違いを消し去ることを目指し、平等な権利の原則を推進しつつも、民族的、言語的、宗教的多様性の役割を軽視し、社会的結束を重視する傾向がある。こうした観点から見ると、多文化主義的な政権は同化主義を超え、人口を構成する異なるエスニック・コミュニティの文化的、政治的な権利を承認することを重視する。しかしながら、新しい形態の隔離や「平行生活」を送るコミュニティの問題に取り組むためにコミュニティ間のインターアクションを促すメカニズムを持たず、多文化主義的な政策にも限界がある[2]。

　一方、同白書によれば、インターカルチュラリズムは、既存のパラダイムを改善したものである。すなわち、同化主義と異なり、集団単位の違いの存在を認めるからである。また、多文化主義と異なり、「承認の政治」（Simpson 2014）を超えることを目指しているからである。ICC の専門家で同白書の主たる執筆者であるロビン・ウィルソンによれば、インターカルチュラリズム

は、ほとんどの多元的なモデル同様、普遍的人権の原則に則っているが[3]、イ
ンターカルチュラリズム以前のパラダイムとは異なると言う。ICC の当初の政
策文書とそのビジョンの基本的前提は「ポスト多文化主義」（Zapata-Barrero
2019）の時代の到来を示唆しているかもしれない。これらの政策パラダイムの
違いは、レトリック上のことで、実際の政策づくりや成果における違いはない
かもしれないが、カナダのケベック州においては、多文化主義とインターカル
チュラリズムの違いは、公務員や政治家にとって、単なるレトリックを超えた
関心事と言える。

　インターカルチュラリズムは、ナショナル・マイノリティが独自の文化的
コミュニティとしての権利を主張するために提示されるモデルでもある。イ
ンターカルチュラリズムは、カナダでは多文化主義を、スペインでは同化主
義を回避するために用いられている[4]。多文化主義に対するバックラッシュ
（Vertovec and Wessendorf 2010）とほとんど同じ時期にインターカルチュラ
ル・シティの運動が始まったのは奇妙な偶然のように思われるかもしれない。
実際のところ、インターカルチュラリズムはナショナリズムの運動（ケベッ
ク州やカタルーニャ州等）と結びつく場合もあり、インターカルチュラル・
パラダイムに取り組む多くの自治体関係者にとって、憂慮すべきことである
（White 2017）。

　初期の ICC は、主に「インターカルチュラルな統合」という概念に依拠し
ていた。この観点に立てば、移民のホスト社会への統合は、都市が異なる背景
を持つ個人から成り立っていること、そしてこれらの個人や彼・彼女らが代表
する異なるコミュニティにホスト社会も適応しなければならないことを承認す
る必要がある。この「双方向性」という概念は社会科学の文献において以前か
ら用いられており、インターカルチュラル・シティ・パラダイムを理解するう
えで必須の概念である。「インターカルチュラルな統合」にとってもう一つの
キーワードが「多様性の利点」であり、ICC のコミュニケーション戦略にとっ
て重要な概念となった。「多様性の利点」とは、多様性を脅威や問題とみなす
のではなく、刷新や革新の源とみなす考え方である。

　移民統合をめぐる論争は現在も続いている（White 2019）。多文化主義を擁

護する研究者とインターカルチュラリズムを擁護する研究者は、この2つの
パラダイムが異なるかどうか、また、どちらのほうが「スーパーダイバーシ
ティ」（Vertovec 2007）がもたらす課題に対応するのにふさわしいかを明らか
にしようとしてきた。しかしながら、多文化主義とインターカルチュラリズム
を対立するものと捉える議論は的を射ていないと思われる。すなわち、両者に
は相違点もあれば共通点もあり、おそらく、両者は多元主義というより大きな
政治思想に属し（White 2017）、それぞれのパラダイムの相対的価値は地域の
文脈や歴史に依存することが不可避的だからである（Taylor 2012）。それでは、
欧州域外の都市におけるインターカルチュラリズムとはいかなるものであろう
か。

（3）メキシコ・シティ、モントリオール、浜松

　都市にとって、ICC ネットワークに参加することは都市内外で政治資源を
動員する方法にもなりえる。政治資源を動員するために ICC を活用すること
は、非欧州都市、特に欧州評議会のオブザーバー国の都市において重要であ
る。1993 年 5 月に、欧州評議会は通常の活動における非欧州国の参加を認め
る決議を採択した。オブザーバー国の地位は、人権や民主主義、法の支配の原
則を採択するという条件に基づき、これまで教皇庁（1970 年）、アメリカ合衆
国（1995 年）、カナダ、日本（以上 1996 年）、メキシコ（1999 年）の 5 か国が
認められている。これらの国の都市は ICC の国際的なネットワークに加盟す
ることが可能で奨励されている。オブザーバー国の都市は欧州評議会加盟国の
都市と同様に ICC ネットワークに参加することが可能である[5]。ネットワー
クの拡大に見合うように ICC の財源は増加していないため、欧州域外の都市
は財源へのアクセスにおいて優先順位が低くなっている。こうした制約がある
ものの、ICC はこうした都市の参加を積極的に促してきた。

①メキシコ・シティ

　メキシコ・シティは、2010 年に欧州評議会によってインターカルチュラル・
シティと承認された初めての非欧州都市になった[6]。これは、同市にとって歴
史的な時期に起こった。それまでのほぼ 2 世紀の間、メキシコ・シティは連邦

区（DF）という特別な地位にあった。国の首都として、メキシコ・シティは都市でも州でもなく、長年の間、この曖昧な地位によって、より大きな自治を実現してきた。2016年1月に、メキシコ連邦区は正式にメキシコ・シティとなった。その結果、メキシコ・シティは、公共支出や治安維持の管理、そして新憲法の制定といった新しい権力を獲得した。すなわちメキシコ・シティは、連邦政府が公式に承認する31州に匹敵する地方政府になったと言える。

　この重要な政治的展開を生かし、ICCネットワークへの参加によるサポートを得て、メキシコ市政府の職員と議員たちは、市の新しい憲法がインターカルチュラリズムに言及した表現を用いるように働きかけた。最近の研究では、欧州植民者や植民地支援の時代に先立って存在していた先住民族のコミュニティに関するラテンアメリカ固有の歴史を反映して、同地域におけるインターカルチュラリズムは北米におけるそれとは異なるという事実に注目している（Gonzalez 2019）。同時に、メキシコにおけるインターカルチュラリズムは、増加しつつある社会的、経済的な不平等という文脈において基本的人権の原則に依拠している。

　メキシコ・シティの事例が興味深いのにはいくつかの理由があるが、特に、行政改革が都市間協力をサポートする国際的なネットワークと結びついている点が興味深い。メキシコ・シティの2011年のインターカルチュラリティ法は事務局の設立への言及、ICC指数の体系的利用、欧州評議会の専門家の参加による評価、そしてインターカルチュラルな原則に関する明確な立場を含んでいる。2017年の秋にはメキシコ・シティによるインターカルチュラリティ法とメキシコ・シティ憲法の採択に続いて、メキシコ議会の下院は国家発展計画の中にインターカルチュラリズムの原則を含めることを決議し、政府のすべての政策やプログラムにおいてインターカルチュラリズムの観点を取り入れることを求めた。さらに近年は、メキシコ渓谷首都圏はインターカルチュラリズムの原則を含む地方発展法を採択した。こうした動きは、地方そして国家レベルで起きているインターカルチュラル政策や原則の初めての宣言であり、重要である。また、こうした動きは、地方政府（この場合は南北アメリカで二番目に大きな都市）がいかに国レベルの政策変更に下から参加しているかを示す例であり、いわば、「トリクルアップ（ボトムアップ）」のインターカルチュラル政策

と呼ぶことができよう。

②モントリオール

　次の欧州域外のインターカルチュラル・シティの事例は、カナダのフランス語圏であるケベック州の都市である。ケベック州はカナダで移民政策と統合政策の権限を持つ唯一の州であり、インターカルチュラリズムはカナダの多文化主義のような法的、行政的な地位はないが、長年、インターカルチュラリズムのリーダー的存在であった（White 2019）。1990年代以降、特に2000年代前半には、ケベック州の一定規模の移民のいる都市、特にモントリオール市（ケベック州最大でカナダでは三番目の都市）はニューカマーを歓迎し、移民コミュニティの統合に積極的に取り組んでいた。モントリオール市が2011年にICCに加盟した時、ケベック州でインターカルチュラル政策やプログラムに取り組む唯一の都市ではなかったが、すでによいスタートを切っていたと言えよう。

　モントリオールの事例は極めて興味深いと言える。なぜなら、お互いに相いれない2つの統合モデル、すなわちカナダの多文化主義とケベック州のインターカルチュラリズムが存在するからである。いくつかの公式な市の文書はケベック州のインターカルチュラリズムのポジションと合致するものの、モントリオール市は移民統合やインターカルチュラル関係に関する包括的な政策を有していない。モントリオール市は特定の民族が集住する地域が少ない点でもユニークである。こうした要因によって、モントリオール市は欧州評議会のICCプログラムで顕著な成功を収めていると言えよう。すなわち、インターカルチュラルな統合の分野における長年の経験から、モントリオール市はICC指数で高い評価を得、世界の150の加盟都市の中で常にトップ10に入っている。

　2010年代になると、ケベック州の複数の都市は、ICCがサポートしている国内都市ネットワークに刺激を受け、担当職員の地域ネットワークを組織することを決定した。「移民とインターカルチュラル関係における自治体ネットワーク（REMIRI）」には、小さな自治体からケベック州最大の都市であるモントリオール市まで、10以上の都市が積極的に参加している。2015年に設立されたこのネットワークは、主にダイバーシティとインクルージョンを専門と

する自治体職員からなり、担当職員の間で情報共有するだけでなく、ローカルなレベルを超えて、様々な利害関係者を動員する可能性を有している。ネットワークのメンバーの間で議論されている最も重要な問題の一つは、移民の統合をサポートするために都市が州政府と交渉する資金援助の合意に関するものである。ネットワークのメンバーは合意の中身が不明瞭で、州政府の規則の適用が一貫しておらず、資金援助の政策決定過程への都市の参加が不十分であると不満の声を上げている。また、州政府における政治的リーダーシップや政策の優先順位の変更によって、合意事項の有効期間が変更されることに対して、以前にも増して懸念を示している。

③浜松

　日本は、外国人人口の受け入れ数（フロー）において、OECD 加盟国の中で上位にいる [7] が、包括的な統合政策を持っていない。2020 年 12 月に公表された MIPEX 報告書によると、日本は、100 点満点中 47 点で、56 か国中 35 位である [8]。MIPEX によると、

> 日本の統合へのアプローチは、「統合なき移住」と言える。このアプローチをとる他の国の先を行くリーダーではあるが、その政策はニューカマーに対して基本的な権利や平等な機会を否定する。外国人は日本に長期滞在することが可能である。しかしながら、差別からの保護など、基本的な権利を否定し、保健や教育における平等な機会の保障において、日本の政策は道半ばである [9]。

　日本では、統合政策に関して、地方自治体のほうが国よりはるかに活発である。日本で暮らす外国人の大半が戦前に植民地支配下の朝鮮半島から日本に移住してきた朝鮮人とその子孫であった 1970 年代に、関西地方の一部の自治体は、児童手当や公営住宅の国籍要件を撤廃した。外国人労働者が急増した 1990 年代には、東海地方の自治体を中心として、外国語による情報提供や相談を行い、生活を支援した。
　2001 年に、外国人住民支援と共生における好事例を共有するために、主に

南米系日系人を中心とする外国人労働者が多く暮らす都市のネットワークである外国人集住都市会議が設立された。このネットワークは13都市が集まって始まり、国との政策対話に取り組んできた。ネットワークの中で最大都市である浜松市がリーダーを務めている。

　2012年と2013年に浜松市長と新宿区長、大田区長は東京と浜松で開催されたインターカルチュラル・シティの日韓欧サミットに出席し、ICCプログラムの会員都市および韓国の都市の首長と出会った。

　この2つのサミットに参加した浜松市は、2013年3月に多文化共生都市ビジョンを策定し、その施策体系の3本柱の一つに「多様性を生かして発展するまち」を掲げ、重点施策として、「多様性を生かした文化の創造」と「多様性を生かした地域の活性化」を挙げた。ビジョンには、「これまでの多文化共生に関連した取組は、外国人市民への『支援』が中心となりがちでした。今後は、これまでの取組にとどまらない、市民のもつ多様性をまちづくりに積極的に生かすという施策が求められています」（15頁）、「欧州の『インターカルチュラル・シティ・プログラム』などの新たな動きを注視しながら、世界の多文化共生都市との連携を進めます。また、連携を通じて得られた知見や成果については国内外に向け広く発信していきます」（27頁）と記されている。こうして、浜松市はアジアで初めてインターカルチュラリズムをその計画に取り込んだ都市となった。

　2017年に浜松市はICCネットワークに加盟し、日本そしてアジアで初めての加盟都市となった。2019年10月には、浜松は都市間連携国際サミットを市内で開催した。多文化共生に関するセッションでは、ICC加盟都市であるスウェーデン・ボートシルカ市の市長とオーストラリア・バララット市の副市長、そして浜松市長が移民統合における課題について討議した。

　日本において、浜松市はグローバル指向をもった代表的な都市として知られる。浜松市は、2003年以来、世界最大の自治体ネットワークである都市・自治体連合（UCLG）の活発な会員である。楽器メーカーとしてよく知られるヤマハ、カワイ、ローランドの本社がある浜松市は、2014年に音楽分野でUNESCO創造都市の会員に選ばれた。浜松市の国際戦略プラン（2014〜2018）は、重点分野の一つに「多文化共生」を掲げ、都市外交方針の一つに

「多文化共生分野における海外諸都市との連携」を掲げた。

（４）多文化共生とインターカルチュラリズム

　「多文化共生」という用語の歴史は古くない。初めてこの用語が用いられたのがいつ頃か明らかではないが、1993 年 12 月には、川崎市川崎区の住民組織「おおひん地区街づくり協議会」が「緑化、環境整備と多文化共生の街づくり」を進める再開発プランをまとめたことが朝日新聞で紹介されている[10]。翌 1994 年 1 月には、同プランを川崎市役所に提出したという。同地区は京浜工業地帯の一角を占め、沖縄や九州、東北出身者そして在日コリアンが多く暮らし、1988 年には共生社会をめざした川崎市ふれあい館が開設された。1990年頃には東南アジアからの労働者も増えていた。

　1995 年、阪神・淡路大震災が発生し、外国人被災者を支援するボランティアが「多文化共生センター」を組織し、外国人支援に乗り出した。大阪で始まり、京都、神戸、広島、東京に同名の団体ができた。こうして「多文化共生」という用語が市民活動関係者の間で広まり、その後、自治体が政策用語として用いるようになった。

　「多文化共生」は、2006 年に総務省が「地域における多文化共生推進プラン」[11] を策定し、「多文化共生」を地域の国際化の第 3 の柱と位置付けて以来、自治体の政策用語として広く使われるようになった。他の 2 つの柱は、「国際交流」と「国際協力」である。総務省は 1989 年に「地域国際交流推進大綱」、1995 年に「自治体国際協力推進大綱」を発表していた。

　総務省プラン策定のために同省が設置した多文化共生に関する研究会の報告書では、地域における多文化共生は、「国籍や民族などの異なる人々が、互いの文化的ちがいを認め合い、対等な関係を築こうとしながら、地域社会の構成員として共に生きていくこと」と定義された[12]。同プランは 2020 年 9 月に改訂されたが、同じ定義が使われている。ほとんどの都道府県や政令指定都市では、総務省が示したプランに沿って「多文化共生プラン」を策定している。

　「インターカルチュラル・シティ」の生みの親とも言うべき英国の都市政策専門家のフィル・ウッド氏らは、移民政策について、ゲストワーカー政策、同化主義、多文化主義、インターカルチュラリズムの 4 つの類型を挙げている

が（Wood and Landry 2007）、多文化共生はどれにあてはまるだろうか。前述のように、文化的な違いを相互に認め合うことを重視する政策は、一般に多文化主義と見なされており、異なるコミュニティの独自性や文化的権利の重要性に焦点が当てられている。一方、同化主義的なアプローチは、文化的な違いを無視し、異なる集団間の平等を強調し、統一されたナショナル・アイデンティティを主張する傾向がある。

　「多文化共生」は、多様性と平等のバランスを自治体職員と住民が共に考え、社会的・政治的調和を図るために、個人と集団の有意義な交流を重視すると捉えれば、「インターカルチュラリズム」と多くの共通点をもっている。これは、国際化戦略としての「多文化共生」から、まちづくりの触媒としての「多文化共生」へと進化することを意味する。

　浜松市の「多文化共生都市ビジョン」は、他の自治体が多文化共生プランを "multicultural plan" と呼ぶのと異なり、前述のように欧州評議会に言及し、「多文化」の訳語に "intercultural" をあてている。一方、人口 1,400 万人の国内最大の自治体である東京都も、2016 年に初めて多文化共生推進指針を策定し、この文書を "Tokyo Guidelines for the Promotion of Intercultural Integration" と英訳している。

　総務省が 2020 年に 14 年ぶりに改訂した多文化共生推進プランは、4 つの柱で構成されている。第 1 の柱はコミュニケーション支援で、多言語情報の提供や日本語教育の推進などが含まれる。2 つ目の柱は、日常生活に関する様々な支援（教育、労働、防災、医療・健康、育児、住宅、感染症対策）である。3 つ目の柱は、多文化共生の意識啓発と地域参加への支援である。第 4 の柱は、地域活性化の推進とグローバル化への対応である。

　総務省の「多文化共生推進プラン」は、自治体に移住者の統合を促すという点で、一般に高く評価されているが、批判もある。左派からは、経済的・社会的不平等や差別を無視し、食やファッション、祭りに焦点を当てた表面的な多文化主義であるとの批判がある。右派からは、日本の伝統やアイデンティティを脅かす危険な政策文書であるとの批判がある。

　日本各地の自治体では「多文化共生」が政策用語として使われているが、一般市民はその言葉や意味に必ずしも馴染みがない。例えば、東京都台東区が

2021年1月に発表した調査結果によると、「多文化共生」の意味を知っている日本人は24％、言葉は聞いたことがあるが意味を知らない人は28％で、調査対象者のほぼ半数（46％）がこの言葉について聞いたことがないと回答している[13]。

（5）おわりに

2018年12月、日本は低技能の外国人労働者をより多く呼び込み、介護、外食、建設など14分野の人手不足に対処するため、出入国管理法を改定した。2019年4月には同法が施行され、法務省入国管理局は出入国在留管理庁に改組・拡充された。しかし、2020年初頭以来、新型コロナウイルス感染症が他国と同様に日本でも大流行し、低技能労働者のための新しいスキームが本格的に始動するには至っていない。

2018年の入管法改定にあたって、政府は「外国人材の受入れ・共生のための総合的対応策」を策定した。同策の中で特に重要な取り組みが、全国各地における一元的な多言語相談窓口の設置である。入管庁は、全国で200以上の自治体がこうした窓口を設置・運営するのを支援してきた。こうして、国を挙げて在留外国人の支援と共生社会づくりに取り組み始めたと評価することもできる。

多くの国は経済的あるいは人口学的な理由から移民を受け入れており、経済が低迷し、急速に高齢化が進む日本でも、この2つの問題が懸念されている。日本は民主主義国家として、そしてアジアのリーダーとして、人権と多元主義へのコミットメントを示すべきであろう。具体的には、外国人住民を統合し、最終的には市民権を得るための明確で正式な道筋を示すことが必要である。また、マイノリティに対するヘイトスピーチや差別に対して、明確な立場をとることが望ましい。

多文化主義は、カナダのように文化的コミュニティの承認と権利に焦点を当てたものであるが、この20年間、特にヨーロッパで批判が高まった。インターカルチュラリズムは、文化の多様性を認めることを出発点として、特定の場所に共に暮らす個人や集団間のポジティブな交流を促進することに主眼を置いている。「多文化共生」という考え方は、この2つのモデルの良いところを

組み合わせることで、日本における多様性と包摂を推進する新しい道筋を作ることができるだろう。日本をカナダやオーストラリアのような国と単純に比較することはできないが、移民政策の遅れは日本が偏狭で外国人嫌いであるというステレオタイプを強めており、「ゲストワーカー政策」から踏み出す必要がある。

　前述のように、総務省は2020年9月に「多文化共生推進プラン」を改訂した。新プランでは、外国人住民が支援を受ける側ではなく、地域社会に貢献する側としての役割が強調されている。このプランに加え、2018年に策定された総合的対応策とあわせて、国はようやく自治体と連携して外国人住民を受け入れる体制を整え始めたと言える。日本は、移民政策に関する正式な仕組みを導入している大多数の先進国のように、国による包括的なアプローチを推進することで、都市・地域間の一貫性を確保する必要がある。移民統合を進めるための法律を制定し、担当組織を設立しているドイツや韓国のように、日本も地域や地方レベルだけでなく、あらゆるレベルで多文化共生を推進するための法律と担当組織が必要である。

　本章で取り上げた事例は、地方自治体におけるイノベーションが、多様性と包摂の観点から重要な役割を果たしたことを示している。特にインターカルチュラル政策の分野では、メキシコ・シティ、モントリオール市、浜松市などの自治体が国際舞台でリーダーとなり、多様化する都市環境において、平等と多様性のために闘い、積極的なインターアクションを促進することを目的とした国境を越えた都市ネットワークで活躍している。特に、自治体は「トリクルアップ（ボトムアップ）政策」の場となっていると言える。なぜなら、地域レベルでの政策革新が、地方や国家レベルの公共政策のインスピレーションの源となっているからである[14]。

注
1) Anctil (2017) 参照。カナダ・ケベック州の事例については Emongo and White (2014) 参照。
2) Cantle (2005) 参照。
3) ウィルソンとホワイトの個人的なコミュニケーション（2020年1月8日）による。
4) 日本では、ジェラール・ブシャールによるケベック州のインターカルチュラリズムに関する著作（ブシャール 2017）が日本語に翻訳され知られているが、インターカル

チュラリズムの専門家によってナショナリストのビジョンを示したものと批判されている (Rocher, F. et B.W. White, 2014)。

5）https://www.coe.int/en/web/about-us/our-member-states

6）メキシコ国立自治大学のホルヘ・ヒメネス・オルテガ教授から拙稿へのコメントをいただいた。心から感謝申し上げる。

7）OECD International Migration Database を参照。 https://www.oecd.org/migration/keystat.htm

8）MIPEX 2020 の概要については、右を参照。 https://www.mipex.eu/key-findings

9）例えば、横浜市では、学校と国際交流協会、市民団体等が連携して「多文化共生の学校づくり」を進めるなど、教育の分野で先進的な取り組みを進める都市もある（山脇・服部 2019）。しかし、日本全体で見ると、地域によって取り組みの格差が大きく、低い評価を受けている。

10）「おおひん地区の街づくりに住民組織がプラン作成」『朝日新聞』1993 年 12 月 17 日朝刊（神奈川面）。

11）https://www.soumu.go.jp/kokusai/tabunka_chiiki.html 参照。

12）https://www.soumu.go.jp/main_content/000539195.pdf 参照。

13）「台東区多文化共生に関する意識調査報告書」https://www.city.taito.lg.jp/kurashi/kyodo/tabunka/2021tyousa.html 参照。

14）欧州評議会の加盟国外相から構成される閣僚委員会は、2022 年 4 月に「インターカルチュラルな統合」を自治体レベルだけでなく国レベルでも推進することを加盟国に推奨する文書を満場一致で採択した。なお、閣僚委員会は 2015 年 1 月にインターカルチュラルな統合に関する文書を採択しているが、その時は自治体レベルの取り組みへの言及であった。https://www.coe.int/en/web/interculturalcities/-/the-committee-of-ministers-adopts-a-landmark-legal-standard-on-multilevel-policies-and-governance-for-intercultural-integration 参照。

参考文献

ジェラール・ブシャール『間文化主義（インターカルチュラリズム）——多文化共生の新しい可能性』（彩流社、2017 年）

山脇啓造・服部信雄編著『新 多文化共生の学校づくり——横浜市の挑戦』（明石書店、2019 年）

Anctil, P. 2017. Ruptures et continuités dans la représentation de l'immigration. Une analyse préliminaire du journal *Le Devoir* (1910-1963), *Anthropologie et Sociétés*, 41(3).

Cantle, T. 2005, *Community Cohesion: A New Framework for Race and Diversity*, Palgrave Macmillan.

Council of Europe 2008. *White Paper on Intercultural Dialogue "Living Together As Equals in Dignity"*.

Emongo, L. et B.W. White (éds.). 2014. *L'interculturel au Québec. Rencontres historiques et enjeux politiques*. Presses de l'Université de Montréal.

Gonzales J. (ed.), 2019. *Multiculturalisme et interculturalité dans les Amériques*. Les Presses de l'Université de Montréal.

Rocher, F. et B.W. White, 2014. L'interculturalisme québécois dans le contexte du multiculturalisme canadien, *Étude IRPP* no 49, Montréal, Institut de recherche en politiques publiques.

Vertovec, S., 2007, Super-diversity and its implications, *Ethnic and Racial Studies*, 30(6).

Vertovec, S. and S. Wessendorf, 2010, *The Multiculturalism Backlash: European Discourses, Policies and Practices*, Routledge.

White, B.W. 2017. Pensée pluraliste dans la cité: L'action interculturelle à Montréal, *Anthropologie et Sociétés*, 41-43: 29-57.

―. (eds.) 2018. *Intercultural Cities: Policy and Practice for a New Era*, Palgrave McMillan.

―. (2019). Multiculturalisme et interculturalisme au Canada : Destin commun ou rencontre impossible ? In Gonzales J. (ed.) *Multiculturalisme et interculturalité dans les Amériques*, Presses de l'Université de Montréal

Wood, P. and C. Landry. 2008. *The Intercultural City Planning for Diversity Advantage*, Routledge.

Yamawaki, K. and T. Ueno 2021. *An Introduction to the Intercultural City for Local Government in Japan*, Council of Europe.

Zapata-Barrero, R. 2019. *Intercultural citizenship in the post-multicultural era*, Sage.

第18章
複眼的思考としての
インターカルチュラリズム

上野貴彦

（1）インターカルチュラリズムの「つかみどころのなさ」

　ここまで本書を読み通された方は、この本が様々な理論と実践の「寄せ集め」であり、良くいえば多彩、悪くいえばバラバラであるという印象を持たれたかもしれない。その指摘は、おおむね正しい。そもそもインターカルチュラリズム自体が欧州やケベック州など様々な場所における議論を起源としており、それを政策化したICCネットワークも今や世界中の都市の連合体である。

　他方で、インターカルチュラル・シティが、バラバラであった取り組みどうしを縫い合わせる試みであることも見逃せない。都市内外の様々なアクターの連携と、多様な人々のインターアクションを通じた互いの変化を重視するからこそ、その実態や理想は複雑で、また時とともに移ろうものとならざるをえないのだ。スペイン・バルセロナを拠点にインターカルチュラリズム論を活発に展開する政治学者のリカール・サパタ＝バレロが総括するとおり、インターカルチュラリズムは普遍的な理念を最初に打ち出すのではなく、人々が身近な所（proximity）でできることを、実用主義的（pragmatic）に編み出してきたものの集成なのである（Zapata-Barrero 2017: 13-14）。

　とはいえ、体系的説明を抜きにインターカルチュラリズムを紹介することには、誤解のリスクが大きい。とりわけ、長らく国際移民の社会統合政策に関する制度形成に国が消極的であった日本では、インターカルチュラリズムが立脚する論理や背景となる文脈を政策担当者や住民が知る機会が限られるなかで、

イメージだけが先行した表面的な受容に留まりかねない[1]。また、元来は現場中心に練られてきたはずのインターカルチュラリズムが脱文脈的に紹介された場合、日本各地の現場で活動する人々にはこれが「机上の空論」に見え、違和感を抱くという本末転倒な状況にもなりやすい。

そこで本章では、一見「つかみどころのない」ほどに多様な起源と潮流をもつインターカルチュラリズムを、単純化しすぎずかつ体系的に理解する「複眼的思考」の一例として、前出のサパタ＝バレロが提唱する「包括的（comprehensive）アプローチ」（Zapata-Barrero 2019）を一部修正して紹介する。そして、日本各地ですでに積み重ねられてきた多様な政策・実践と、インターカルチュラリズムを関連付けて捉える方法を、簡潔に提案する。

（2）包括的アプローチという捉え方

包括的アプローチは、複雑かつ多様な理念と実践の集積としてのインターカルチュラリズムを、政策・実践の背後に横たわる、3つの政策的動機（ここでは「流れ」と表現する）に整理するものである。3つの流れはそれぞれに、多様性を政治・文化・経済の主にどの側面から捉えるかという点で相違し、それは例えば「インターアクション」の位置付けなど、インターカルチュラリズム理解の根幹にも影響する。

3つの流れそれぞれの推進者たちが時に激しく対立しあい、それが政策論議に影響を及ぼすこともある。しかし、欧州評議会のICCネットワークや加盟各都市の現場においては、インターカルチュラリズムをめぐる様々な考えを持つ多様なアクターが政策現場に集うことがもたらす接触・対話・葛藤は、インターカルチュラルな政策・実践を衰退させるのではなく、逆にそれらを強固なものへと鍛え上げきたと筆者は考えている（上野 2019）。

第1の流れは、欧州評議会ICCプログラムの核をなす、「社会創造（creation）」型のインターカルチュラリズムである。この流れは、「インターカルチュラル」の名のとおり文化的側面に着目し、とりわけ都市における住民の多様性を社会・経済発展のための資産にするための適切なマネージメント政策を、世界各地のベスト・プラクティスを共有するなかで模索するスタイルをとる（Wood and Landry 2007）。都市に集積経済を拡大させるのみならずイ

ノベーションを孵化させる力があるという発想は、シカゴ学派社会学やジェイン・ジェイコブスの都市論などに色濃く見られるものであるが、とりわけ20世紀末から、脱工業化のなかで衰退した都市の再生という文脈のなかで「創造都市論」と呼ばれる政策論へと転じていった。その核は、文化芸術の創造性が人や社会の潜在力を刺激し、都市や産業をめぐる先行きが不透明な状況から未来を構想するのに必要な、創造的な問題解決力を生み出すことへの注目である（ランドリー 2003）。こうした発想は、ユネスコの創造都市プログラムなどを通じて世界中に広まり、欧州における創造都市論の第一人者であるチャールズ・ランドリーが初期に深く関与した ICC プログラムにも脈々と受け継がれている[2]。そこでのインターアクションは、接触を通じて他者への理解と寛容さを養い、イノベーションのチャンスをつかむための営みと位置付けられる。

　第2の流れは「社会契約（contract）」、すなわちマジョリティとマイノリティの非対称な関係を強く意識しながら、異なる集団どうしの文化や伝統を尊重し、社会的公正を築き上げるための政治的合意を核とする。これは特に、カナダ連邦においては「国内のマイノリティ」をなすフランス語系が、先住民や他のエスニック・マイノリティや移民に対しては「州内のマジョリティ」となる状況[3]で経験する葛藤・軋轢のなかからインターカルチュラリズムが編み出されてきた、ケベック州の政治的文脈に起源を有する。

　文脈の類似するスペイン・カタルーニャ州を拠点とするサパタ＝バレロの議論は、中央政府に対して、ケベックやカタルーニャのナショナリストがいかに少数言語文化を権利として守ることができるかという問題に照準している。しかし、特定の地域内部のマジョリティとエスニック・マイノリティの関係において、マイノリティ集団固有の文化的伝統の維持・継承を権利として捉え、国や地方自治体がそれらを継続的に支援・保障する「エスニック文化権」（キムリッカ 1998）の確立をめぐる問題にまで「社会契約」を広く捉えることもできる。いずれにせよ、ここでのインターアクションは、マイノリティ当事者の主体化とマジョリティとの交渉を通じた「和解」の模索手段という位置付けを占める。

　第3の流れは「社会的結束（cohesion）」を重視するもので、社会経済的な格差拡大や「分断」を背景に、20世紀末から英国型の多文化主義に対する批

判が高まる中でなされた、多文化主義の刷新をめぐる議論をきっかけに発展した。それまでも旧植民地出身者など多様な人々から構成されていた英国社会であるが、この時期、世界のより多くの地域からの移住者が増大すると同時に、エスニシティや宗教、ジェンダーなどの交差がより可視化されていった[4]。これを念頭に、2000年代の英国では、多様な個人のニーズを適切に捉えた社会政策を重視し、コミュニティの結束と社会的包摂を促進する取り組みが模索された。

　また、現前する社会の「分断」を乗り越えるためのコミュニティでの取り組みに関しては、宗教的・政治的「集団」を横断し、貧困や失業、教育問題などの具体的課題の解決に向けた「コミュニティ開発」などでの接触を通じて人々が対話と連帯の契機をつかんできた北アイルランドの経験などが参照された（安達 2013: 264-65）。それゆえインターアクションは、日常の平和的な関係を築き、多様な個人同士が共通点や共通目標をみいだして協働するための手段と位置付けられる。

（3）日本の文脈との関連

　インターカルチュラリズムの3つの流れはそれぞれに、日本の都市・地域における様々な政策・実践とゆるやかに対応し、またそれらの成果と課題を浮き彫りにする。

　第1の「社会創造」型インターカルチュラリズムは、国際交流基金の紹介にはじまり、欧州評議会のICCネットワークを介して、浜松市をはじめとする日本の自治体における多文化共生政策に直接の影響をもたらしている（本書第Ⅱ部）。また程度の差こそあれ、日本各地での多文化共生の実践にもインスピレーションを与えている（本書第Ⅳ部）。しかし、オーストラリアやスペインの事例に見られるような、「多様で包摂的な都市」を都市戦略として守り育て、内外に強力にアピールするというICC本来の活用法には至っていない（本書第Ⅲ部）。

　こうしたステップアップには、もはや「多文化共生のために何をするか」だけではなく、「誰による、誰のための多文化共生か」（高谷 2021）という民主主義や地方自治の根幹問題を問い直したうえでの、より強固な部局間協力や住

民参加の枠組みづくりが欠かせない。より具体的には、公的機関が移民・マイノリティによる当事者の活動の自主性と創発性を信頼し、その持続に必要なサポートに徹するという、浜松市のCOLORSとHICEが模索するような関係づくりが必要となる（本書第9章）。ここ20年ほどの間に日本各地の自治体政策に定着し[5]、ICCとの関係も深い「創造都市政策」の中で発展した、大きな目標を明確化しつつも具体的事業は担い手の創意工夫と専門家の評価に多くを委ねるといった新しい行政手法のノウハウを活かすことも可能かもしれない（鈴木 2021: 217-18）。

　その一方で、世界各地の創造都市やインターカルチュラル・シティで得られた苦い教訓から目を背けるべきではないだろう。それは、都市の「文化」そのものを長期的に育てるのではなく、短期的に空間の価値を高めるための道具としてしまうと、文化の創造力やポテンシャルが削がれ、関係者の行政への不信ばかりが残るというものである。行政が住民を置き去りにし、（首都や大都市に拠点を置くことが多い）デベロッパーや広告代理店などと都市の「個性」とされたイメージだけを同じような方法で強化してしまった場合に進む「俗都市化」の問題は、すでに世界中の多くの都市で顕著になっている（ムニョス 2013）。

　それでも筆者は、「多様性の利点」を重視するICCの取り組みがすべて「新自由主義的」な論理（Collins and Friesen 2011; 渡戸 2019: 199）に呑まれてしまうと断定することは留保したい。移民・マイノリティの文化に新たな価値をみいだす地域の取り組みは、横浜市鶴見区の事例に即して藤浪（2019）が示唆するとおり、行政や当事者を巻き込んだ新たな社会関係の生成や多様性をめぐる認識転換と、各種メディアやメガイベントのみを通じた「観光」としての表面的な差異の消費との間で揺れ動きながら進んでゆく。そもそも都市行政には、①政策形成ならびにサービス供給の主体、②雇用者、③財とサービスの買い手としての存在感ゆえ、住民の多様性をいかに都市全体の強みにするかという問題と向き合わざるをえない部分もある（Hambleton 2015: 266-69）。そうであるならば、地域の歴史的文脈を踏まえつつ、多様な住民の長期的な幸福と利益につながる形へと「多様性の利点」を定義するための、公正で民主的な議論の仕組みづくりこそが重要だという考え方もある（上野 2019: 154-55）。

移住者・マイノリティをめぐる歴史的文脈とインターカルチュラリズムの関連を考える上で、第2の流れとしての「社会契約」を無視することはできない。これは一般に、少数言語地域の集団的権利が国家レベルで承認されたカナダやスペインに限定的な問題と考えられがちであり、また少数言語地域内部での（それぞれフランス語やカタルーニャ語の使用を重視する）同化主義的な地域ナショナリズムにつながるとの批判もある[6]（本書第17章も参照）。しかしここでは、地域特有のマジョリティ・マイノリティ集団関係が築き上げた、学校や公共空間におけるインターアクションの強固な制度的基盤の尊重という側面に議論を限定したい。この点に限っていえば、例えば大阪府における人権政策の延長上で、公立学校内で当初は在日コリアンの母語や文化の継承のために作られた民族学級が、より多様な、新しい移住者の子どもたちの居場所となっている事例（川本 2018）や、在日コリアンなど多様なマイノリティ住民による反差別運動の歴史に裏付けられた「共生の街」としての神奈川県川崎市における住民の連帯が、行政の排外主義対策推進を下支えしている事例（樋口 2022）などは「社会契約」型インターカルチュラリズムと関連している。

　もちろん、マイノリティ集団の権利をめぐる闘争が、構造的な不平等のなかで少ない資源を奪い合ううちに「マイノリティのなかのマイノリティ（より弱い立場の集団や、女性あるいは性的マイノリティなど）」を抑圧してしまった過去の事例は少なくない。しかし、マジョリティとマイノリティ、あるいはマイノリティどうしが歴史的に構築してきてしまった偏見や制度的な差別の問題に向き合わないまま、個人をベースとする「社会的結束」や「社会創造」を強調しても空虚なものにしかなりえないという点で、兵庫県および神戸市の歴史的文脈にもとづく金論考（本書第15章）のメッセージは説得的である[7]。

　ここで併せて重要となるのが、第3の「社会的結束」という流れから、日系の南米出身者をはじめとする外国籍住民が、とりわけ1990年代から群馬・静岡・愛知などにおける工業都市に急増したことなどを契機として本格化した、「多文化共生」政策の成果と課題[8]を再検討することであろう。「社会的結束」の実現に関していえば、外国人住民が地域社会で直面する困難への行政対応から出発した同政策は、国（中央各省庁間の連携をも含意する）と自治体の明確な役割分担、就労・教育における格差の是正、反差別政策の確立、技能実習な

どの在留資格を有する人々や非正規滞在者への対応といった、社会構造からくる問題の解決に課題を抱えてきた（樋口 2019）。

　しかし、リーマンショックやコロナ禍といった危機や、人口減や住民構成の多様化と新しい世代の増加といった地域社会の変化に、自治体職員を含む現場の関係者が気づき、多様な個人のニーズを適切に捉えた社会政策を模索する際の実践上の枠組みとして「多文化共生」が用いられてきたのも事実である[9]。そこからは、ときに職業訓練や夜間中学の必要、日常のトラブルや苦情の仲裁など、住民個人には負担が大きく、国や都道府県との連携や予算的裏付けなしに実現が難しい施策の検討要求が生まれる。こうした現場の要求を、ICC のなかにも組み込まれた「社会的結束」へのアイデア[10] と照らし合わせることで、地方自治体のみならず国が「多文化共生」の明確な責任主体となった、より実効的で持続可能な政策への道が開けると考えられる。

（4）視野を広げるには

　ここまで、インターカルチュラリズムがこれまで日本各地で行われてきた多文化共生や人権擁護、そしてまちづくりの実践の積み重ねと決して無関係ではないことを強調してきた。また同時に、3 つの流れに対応するローカルな経験の蓄積と、グローバルな世界各地のノウハウや知見を公的機関が総合し、新しい取り組みに活かすという課題が残ることを、不十分ながらも示唆した。本書第Ⅰ部でもインターカルチュラル・シティづくりにおける公的機関の役割を強調したが、これは編著者 2 人だけでなく、ICC ネットワーク全体の傾向でもある[11]。

　日本に限らず、行政機構では、公平性・中立性確保のための規則・手続き遵守や専門性を担保するための分業が目的化され、予測のたたない事態や他の部署の管轄になりうる事項を回避する「官僚制の逆機能」が起きやすい。それは、移住者・マイノリティ当事者と共に街で何十年も培われてきた、あるいは新しい世代の住民と共に芽生えてきたインターカルチュラルな知と実践を見逃し、時に見捨てることにもつながりかねない[12]。これを防ぐには、街で過去にどのようなことが起こり、住民や行政がいかなる取り組みを行ってきたかをめぐる在来知を継承し、他都市の知見も取り入れながらアップデートし続ける必要

がある。これはまさにインターカルチュラル・シティの発想なのだが、街の歴史と現在を踏まえて十分に咀嚼せずにインターカルチュラル・シティの理屈だけを受け入れる「理論信仰」と、逆に目の前の課題に忙殺されるなかで理論的なものの価値を見定められず、目の前にあるインターカルチュラルな実践を活かせなくなる「実感信仰」への二極化が起きてしまうならば、それは日本社会における「外来」の知の受容をめぐって丸山真男（1961）が指摘した問題が繰り返され、世界的な都市のネットワークの真価を活かす機会を逸してしまう。

　視野を広げて課題を乗り越えるうえで、日本の都市に先進事例が多くある都市計画分野など、広義の「まちづくり」における経験の蓄積から学ぶことは多い。例えば、神奈川県横浜市の企画調整局で市民の安全やふれあいに主眼を置いた「都市デザイン」プロジェクトを率いた田村明は、畳2畳分ある特注の製図版を部屋の真ん中に置き、局員全員が問題を明確化して智慧や情報を共有する「大テーブル主義」を徹底した（田村 1983: 18-21）。また、同プロジェクトは市長の交代などを経てなお継続し、日本国内外の都市や研究者との交流を通じて新しいアイデアを取り入れ続けてきた（横浜都市デザイン50周年事業実行委員会・横浜市都市整備局 2022）。こうして多様なステークホルダーの関与と専門性を認めあい、「インターアクション」を通じた革新を公的な政策決定の中心から進める精神は、21世紀に入って横浜市も取り入れた創造都市の理念や、その延長上に位置するICCに通じるものがある。

　そして、議論を単純化するのではなく深め、世界の都市が経験してきた失敗から学ぶためにも、海外との文化交流を通じた多分野での知見の紹介がますます重要となっている（国際交流基金編 2006; 2020、および本書第16章）。例えば、すでに都市内外から多くの賞賛と批判を受けながら、移住者・マイノリティの一部を含む社会的弱者の包摂を都市再生の主要課題として取り組んできたスペイン・バルセロナ市の事例（阿部 2014）などを知る価値は高い。

　多様で包摂的なまちづくりのための、万能の理論はない。現実もまた複雑で、突然に政策革新が起こるとも考えづらい。それでも、移住者・マイノリティをはじめとする多様な背景と専門性をもつ人々が本音で発言し、議論のなかで葛藤し、創造性を発揮する場と仕組みを作る。そうした象徴的な意味での「大テーブル主義」の実践に役立つならば、インターカルチュラリズムを取り入れ

る意義は十分にあるのではないだろうか。

注

1) スウェーデンの移民統合政策に関する改革論議において「カナダ・モデル」が参照される過程を分析したトゥリグヴェ・ウグランによれば、他国・他地域の「移民統合モデル」は、①政策目的にかなう合理的選択である（構造・道具的観点）、②文脈に共通点が見出される（文化・制度的観点）、③成功しそうな政策トレンドである（神話的観点）、という３つの見方が交差するなかで参照される（Ugland 2018: 31-35）。たしかに③の観点は理念の普及を後押しするが、①と②を伴わなければ政策の具体化は難しくなる。

2) サパタ＝バレロはこれを「社会構築型（constructivist）」としているが、社会構築主義との混同などを避け、より適切な類型化をするために修正を加えた。

3) こうした状況は、新しい移住者のみならず、先住民をめぐる歴史的闘争の可視化や、マイノリティ同士の連帯の契機を生み出す。しかし、多様性を「当たり前」のものと認識したマジョリティが、（悪意はなくとも）それを暴力的な同化強制の歴史を踏まえずに称揚したり、部分的に利用したり、希薄化する危険とも紙一重である。これに関連して、アイヌの血を受け継ぎつつも歴史や文化から切り離されざるをえなかった「サイレント・アイヌ」の存在と多文化共生のアンビバレントな関係をめぐる石原（2020）の議論を参照。

4) こうした超多様性（スーパーダイバーシティ）についてはバートベック（2021）を、これと深く関連する交差性（インターセクショナリティ）については、コリンズ／ビルゲ（2021）を参照。

5) 2022 年 4 月現在、創造都市ネットワーク日本には 159 自治体・団体が参加している。

6) 大前提として、これが州独自の教育制度や公共放送、警察に至るまで広範な自治が認められたカナダやスペインの特殊な制度的文脈からくる葛藤である点には留意する必要がある。また、「スペインか、カタルーニャか」といった二項対立がもたらす抑圧の問題が露呈する少数言語地域からこそ、「バルセロナ反うわさ戦略」のような日常の社会的公正と平和を優先する革新的な実践が草の根レベルから生まれ、都市政策に取り入れられてきたという側面も注目に値する（上野 2019: 153-54）。

7) 同時に、都市空間における多様な人々の差別と偏見、創造と工夫、対立と連帯の歴史を知ることも重要となる。例えば神戸の文脈について、村上（2018）、本岡（2019）なども参照。

8) こうした自治体のネットワーク化と提言活動の基盤として 2001 年に誕生した「外国人集住都市会議」について、山脇（2009）を参照。

9) 例えば、群馬県大泉町における多文化共生の歩みについて、上毛新聞社（2022）を参照。

10) 代表的なものとしては、浜松市の ICC 指数評価においても推奨された、専門家としての「インターカルチュラル媒介者」を養成しての、仲裁・苦情処理機関の設置が挙げられる（近藤 2021）。また ICC の各国内ネットワークが、国や自治体、民間組織などに越境的な協働を促す、スペインのデ・トーレス氏のような存在を重視していることも示唆的である（第 4 章）。こうしたコーディネーターに求められる資質や協働のメカニズムについて、菅野（2021）を参照。

11）また、ICC にプロジェクト開始当初から参与しているフィル・ウッドは、「創造的官僚制」を推進する取り組みにも関わってきた。以下 URL を参照。
https://creativebureaucracy.org

12）樋口（2022）は、これを行政機構が拡大していた時代のアメリカ合衆国で、社会学者ロバート・K・マートンが編み出した「訓練された無能力」という用語から説明する。しかし、地方から東京・名古屋・大阪などの都市圏への国内移住がピークを迎えた 1960 年代から始まった行政改革を経て、日本が世界的に見ても公務員の少ない国家を形成してきたうえ（前田 2014）、正規採用職員がジェネラリストとして部署を転々とするのに対して、特定の職場に残る専門性の高い職員採用枠が非正規化・不安定化している状況下で（上林 2021）、改めて人の移住に関連する専門的な行政サービス（例えば児童の支援）への需要が高まっているという現代日本に顕著な問題も考慮すべきだろう。能瀬（2017）も参照。

参考文献

安達智史（2013）『リベラル・ナショナリズムと多文化主義——イギリスの社会統合とムスリム』勁草書房。

阿部大輔（2014）「バルセロナ・モデルの変容と転成」矢作弘・阿部大輔編『持続可能な都市再生のかたち——トリノ、バルセロナの事例から』日本評論社。

石原真衣（2020）『〈沈黙〉の自伝的民族誌——サイレント・アイヌの痛みと救済の物語』北海道大学出版会。

上野貴彦（2019）「移民をめぐる認識転換に向けた住民参加の拡大と継続——バルセロナ「反うわさ」にみる間文化主義と公共圏の再編」『移民政策研究』11: 145-58。

川本綾（2018）『移民と「エスニック文化権」の社会学——在日コリアン集住地と韓国チャイナタウンの比較分析』明石書店。

上林陽治（2021）『非正規公務員のリアル——欺瞞の会計年度任用職員制度』日本評論社。

キムリッカ、ウィル（1998）『多文化時代の市民権——マイノリティの権利と自由主義』（角田猛之・石山文彦・山﨑康仕監訳）晃洋書房。

国際交流基金編（2006）『アート戦略都市——EU・日本のクリエイティブ・シティ』鹿島出版会。

————（2020）『国際文化交流を実践する』白水社。

コリンズ、パトリシア＝ヒル／ビルゲ、スルマ（2021）『インターセクショナリティ』（小原理乃訳、下地ローレンス吉孝訳・監訳）人文書院。

近藤敦（2021）「コロナから考える統合政策——日本における多文化共生政策の課題と展望」鈴木江理子編著『アンダーコロナの移民たち——日本社会の脆弱性があらわれた場所』明石書店。

上毛新聞社（2022）『サンバの町それから——外国人と共に生きる群馬・大泉』上毛新聞社。

菅野拓（2021）「職業としてのコーディネーター——越境的協働を促すメカニズムの体現者」『国際開発研究』30(2): 11-24.

鈴木伸治（2021）「創造都市政策のもたらしたもの」山野真悟・鈴木伸治『アートとコミュニティ——横浜・黄金町の実践から』春風社。

高谷幸（2021）「移民・多様性・民主主義——誰による、誰にとっての多文化共生か」岩

渕功一編著『多様性との対話——ダイバーシティ推進が見えなくするもの』青弓社。

田村明（1983）『都市ヨコハマをつくる』中公新書。

能勢桂介（2017）「未完の多文化共生プラン——煩悶するローカル・ガヴァナンス」渡戸
一郎・塩原良和・長谷部美佳・明石純一・宣元錫編『変容する国際移住のリアリティ
——編入モードの社会学』ハーベスト社。

バートベック、スティーブン（2021）「スーパーダイバーシティとその含意」（齋藤僚介・
尾藤央延訳）『理論と動態』13: 68-97.

樋口直人（2019）「多文化共生——政策理念たりうるのか」高谷幸編著『移民政策とは何
か——日本の現実から考える』人文書院。

——（2022）「反ヘイトと多文化共生——大阪市と川崎市の比較を通じて」高谷幸編
著『多文化共生の実験室——大阪から考える』青弓社。

藤浪海（2019）「沖縄系住民をめぐる民族関係の再編成と都市政策——横浜市鶴見区の植
民地主義・新自由主義的文脈に着目して」『年報社会学論集』32: 131-42.

前田健太郎（2014）『市民を雇わない国家——日本が公務員の少ない国へと至った道』東
京大学出版会。

丸山真男（1961）『日本の思想』岩波新書。

ムニョス、フランセスク（2013）『俗都市化——ありふれた景観、グローバルな場所』（竹
中克行・笹野益生訳）昭和堂。

村上しほり（2018）『神戸 闇市からの復興——占領下にせめぎあう都市空間』慶應義塾大
学出版会。

本岡拓也（2019）『「不法」なる空間にいきる——占拠と立ち退きをめぐる戦後都市史』大
月書店。

山脇啓造（2009）「多文化共生社会の形成に向けて」『移民政策研究』30-41.

横浜都市デザイン50周年事業実行委員会・横浜市都市整備局（2022）『都市デザイン　横
浜——個性と魅力あるまちをつくる』BankART 1929。

ランドリー、チャールズ（2003）『創造都市——都市再生のための道具箱』（後藤和子訳）
日本評論社。

渡戸一郎（2019）「〈多文化共生〉再考——〈多文化主義〉と〈インターカルチュラリズ
ム〉の間で」『移民政策研究』11: 188-207。

Collins, F.L. and W. Friesen (2011) "Making the Most of Diversity? The Intercultural
City Project and a Rescaled Version of Diversity in Auckland, New Zealand," *Urban
Studies*, 48(14): 3067-85.

Hambleton, R. (2015) *Leading the Inclusive City: Place-Based Innovation for a Bounded
Planet*, Policy Press.

Ugland, T. (2018) *Policy Learning from Canada: Reforming Scandinavian Immigration
and Integration Policies*, University of Toronto Press.

Zapata-Barrero, R. (2017) "Interculturalism in the post-multicultural debate: a defence"
Comparative Migration Studies, vol.5, no. 14.

——（2019）*Intercultural citizenship in the post-multicultural era*, SAGE.

あとがき

　2010年10月に国際交流基金が実施したスイスとイタリアへの視察プログラムへの参加以来、筆者にとってインターカルチュラル・シティは常に主要な関心テーマであった。2009年11月に群馬県太田市で開催された外国人集住都市会議で筆者はパネル討論のモデレーターを務めたが、会議の後に国際交流基金のICC担当者である嶋根智章さんとフロアで名刺交換をしたのが、ICCと関わる最初のきっかけであった。そして、前述の視察プログラムに参加し、日本の多文化共生のあり方に対して大きな示唆を得た。その時に、ICCの生みの親ともいえるフィル・ウッド氏、そして欧州評議会のICC事務局の中心人物であるイレーナ・ギディコヴァ氏とも出会った。

　実は、2010年以来、筆者はICCを日本の多文化共生関係者に紹介する書籍を刊行したいと思ってきた。特に、2014年には、明石純一（筑波大学）、大野由紀子（国際交流基金）、久保山亮（専修大学）、古地順一郎（北海道教育大学）、瀧本陽一（浜松市）各氏のご協力を得て、ICCのマニュアルである *Intercultural Cities: Towards a model for intercultural integration* の翻訳作業を行った。それにもかかわらず、筆者の力不足で出版には至らなかった。

　2020年10月に欧州評議会の現ICC担当者のイヴァーナ・ダレッサンドロ氏から、日本の欧州評議会へのオブザーバー参加25周年を記念して、日本の外務省（在ストラスブール総領事館）の資金協力を得たので、日本向けのICC入門書を執筆してほしいとの依頼が編者らにあった。そして、2021年3月に欧州評議会から日英二言語で『自治体職員のためのインターカルチュラル・シティ入門』が刊行された。さらに、今回、行政や市民団体等、幅広い分野の関係者に執筆いただき、本書の刊行にたどり着いた。私（山脇）にとっては、長年の思いが形になり、こんなに嬉しいことはない。

　2022年6月に日本政府は、「外国人との共生社会の実現に向けたロードマップ」を決定した。2006年3月に総務省の多文化共生の推進に関する研究会が報告書を作成し、自治体に多文化共生の推進を求める同省の「地域における多文化共生推進プラン」が策定されてから16年が経ったが、ようやく国自体が

共生社会づくりを進めるプランが策定された。ここから、日本の多文化共生社会づくりが本格的に始まる。日本の「多文化共生」が国内外の多様な観点から見直され、さらに発展していくことに本書が役立てば幸いである。

山脇啓造

□■□■□■□■□■□■□■

　本書の編纂を通じて、インターカルチュラル・シティをめぐる各都市・アクターの理想は多様であり、それは実践を妨げるどころか逆に豊かに広げることを多くの関係者の皆様から学ばせていただいた。同時に、いまできることを見極めて取り組む「現実主義」が多様な人々をまとめ上げる可能性と、それが意図せずしてマイノリティの理想をねじ曲げ、思いを押しつぶしてしまう危険性との違いが紙一重であること、そして真にインターカルチュラルな取り組みはこうした葛藤から生まれることを再認識した。

　いま私たちは、ウクライナにおける戦争という危機を前にして、こうした葛藤と改めて向き合わざるをえない状況に置かれている。2022年3月4日付で、ICCネットワーク加盟都市のうち13都市とひとつの国内ネットワークが、以下の5項目からなる宣言を発した[注]。

- 戦争避難民を緊急に受け入れている都市に対し、難民受け入れ政策のノウハウ共有を含む支援を提供する
- 賛同都市で避難民を受け入れて包摂する決意を表明し、各国の関係機関に協力と支援を求める
- 各国の指導者に対し、すでになされた多くの勇気ある決定を引き続き実施し、侵略行為が直ちに停止しない場合には追加の措置と外交的努力を検討するよう求める
- ウクライナの都市とコミュニティの復興を、ICCネットワークが支援する

- 戦争の結果として生じた、あらゆる形での憎悪や差別に対して強く反対し、声を上げる

　インターカルチュラリズムの原則に照らしても、人々がもつ多様性の一部に「敵性」を認め、万人の人権と平等を否定し、信頼関係にもとづく接触・交流の可能性をつぶす直接的暴力である戦争は強く非難すべきである。その一方で、危機は自らが暮らす街に残る、不正義や貧困、差別からくる歪んだ社会関係をもあぶり出す。例えば、難民を含む移住者やマイノリティに憎悪や差別の眼差しが向けられることも、因果関係が複雑で、暴力行使の主体は特定しづらいが、間接的に生命や人間の可能性を奪い去る「構造的暴力」である。こうした広い意味での暴力をなくすため、公職につく人々を中心に、住民ぐるみで身の回りからできることを行う。そんな積極的平和への取り組みが、インターカルチュラル・シティの本質なのでないかと考える。地に足のついた取り組みの模索に、本書が少しでも役立つことを願っている。

注）https://www.coe.int/en/web/interculturalcities/-standwithukraine?fbclid=IwAR3tG1fGcpITiCW6qmwmGqy9fZkTowFrVZp_7CN0doFM8gvgkYiQ5bt4Pmw（2022 年 3 月 8 日最終閲覧）

上野貴彦

インターカルチュラル・シティ指数調査票（抄訳）

　インターカルチュラル・シティ指数（ICC 指数）は加盟都市のインターカルチュラル政策を評価するために 2008 年に導入された。以下、ICC 指数調査票（2019 年版）の一部を抜粋し、日本語に翻訳したものを掲載する。全部で12 のセクションに分かれ、90 の質問項目があるが、紙幅の都合上、ここでは詳細な質問項目が最も多い第 2 セクションのみ、具体的な質問項目を訳出した。ICC 指数の調査票および各加盟都市の ICC 指数のスコアは、欧州評議会のホームページ上に公開されている [1]。

0. 背景情報（項目 1 ～ 2）
このセクションでの回答はスコアには反映されず、似たような特徴を持つ都市のグループを作り、比較を行うために用いられる。
回答項目：人口規模、行政区、経済規模、人口構成など

1. コミットメント（項目 3 ～ 12）
市がどの程度、またいかなる方法でインターカルチュラルな諸原則（多様性、平等、インターアクション）にコミットしているかを測る。
回答項目：インターカルチュラル政策の総合戦略や行動計画の有無、多様な背景を持つ人々の政策形成過程への参加など

2. インターカルチュラルな視点から見た都市（項目 13 ～ 38）
具体的な都市政策に、インターカルチュラルな視点がどれほど取り入れられているかを測る。
a) 教育
13. 小学校の児童のほとんど全員が、同じ民族・文化的背景を有していますか。

はい（全ての学校）	
はい（ほとんどの学校）	
はい（いくつかの学校）	
いいえ	
有効なデータがない	

14. 学校教師の民族・文化的背景は、都市の人口構成を反映していますか。

しばしば	
ときどき	
まれに	
全く無い	
市や学校に教師を雇用する権限がない	
有効なデータが無い	

15. 移民・マイノリティの背景をもつ親を学校生活に参加させる努力を行っている学校がありますか（親と教師の面談のようなものは除く）。

はい（ほとんどの学校で行っている）	
ごく一部の学校で行っている	
いいえ	

16. 学校でインターカルチュラルなプロジェクト（インターカルチュラルなお祭りや多様な文化に関係する施設への見学、インターカルチュラルなジレンマに関して議論したり、多様な生徒が自身の能力や成果を披露できる場の設定など）を実施していますか。

しばしば	
まれに	
全く無い	

17. 自治体として、学校における民族的・文化的な混淆を促す政策（低所得層の家庭の生徒が通う学校のスポーツ、娯楽、教育施設を改良する、移民の背景を持つ生徒が多数を占める学校に有能な教師を配置する、決められた区域外の学校に子どもを通わせることの制限など）がありますか。

はい	

まだないが、そのような政策を検討・準備している	
いいえ（地方や国レベルでそのような政策が存在するため、基礎自治体にはそうした政策はない）	
いいえ（国や地方、地域レベルでもそのような政策はない）	
当てはまらない（隔離はない）	

b) 地域（neighbourhoods）

18. どのくらいの地区や地域が文化的・民族的に多様ですか。

ほとんどの地区・地域で	
少しの地区・地域で	
全くない	
全くない（隔離の問題はない）	
データがない	

19. 住民の多様性を増進し、隔離を緩やかにする政策はありますか（人々の多様な背景を考慮した住宅政策など）。

はい	
まだないが、そのような政策を検討している	
ない（隔離の問題はないため）	
一次的にそのような措置をとることはある	
ない	

20. ある地域の住民が他の地域の異なる移民・マイノリティの背景を持つ住民と出会い、交流する活動（会議やシンポジウム、展示会、スポーツ大会などのイベントを市のさまざまな地区で実施するなど）を促進していますか。

はい	
いいえ	
隔離の顕著な地域はないので、必要ない	

21. 移民・マイノリティの背景を持つ人々が、同じ地域の中で暮らす他の人々と出会い交流することを促すような政策（誰もが興味を持つような芸術・文化イベントを様々な地域で行うなど）はありますか。

はい	
まだないが、そのような政策を検討している	
一時的な取組しかない	
いいえ	

c) 公共サービス部門

22. 移民・マイノリティの背景を持つ自治体職員の割合は、都市人口の構成を反映していますか。

はい（すべての職位において）	
はい（低い職位においてのみ）	
いいえ	
関連するデータはない	

23. 自治体職員の多様性を確保するための採用計画（特定の言語能力を有する職員の採用、インターカルチュラル能力に基づく採用、都市の人口における多様性を代表する職員の窓口への配置など）はありますか。

はい	
はい（特に管理職において移民やマイノリティの背景を持つ者の割合を増やすことを目指している）	
はい（ただし、移民やマイノリティの背景に関わらず、自国の国籍を有する者しか採用していない）	
いいえ（市では採用を行っていない）	
いいえ（市では採用を行っていないが、採用を行えるように働きかけている）	
いいえ	

24. 民間企業における社員の多様性増大やインターカルチュラル能力の向上を促進する取り組み（企業における差別是正宣言の支援、管理職に対するインターカルチュラル研修の提供など）を行っていますか。

はい	
いいえ	

25. 下記に掲げるサービスを提供する際、移民・マイノリティの背景を有する

住民に配慮していますか？（複数回答可）

葬式・埋葬	
学校給食	
スポーツ施設における女性専用のセクションや時間	
その他（記入してください）	
上記のようなサービスは提供していない	

d) ビジネス及び雇用市場

26. 労働市場における多様性の促進や差別の撤廃を目的とする、地域、地方あるいは国レベルの経済組織はありますか。

はい（市内に組織がある）	
はい（地方レベルの組織がある）	
はい（国レベルの組織がある）	
いいえ	

27. マイノリティの背景を持つ人のビジネスが、エスニック経済にとどまらず、主流経済や高い付加価値を持つセクターに参入することを支援していますか（移民起業家のビジネスイベントへの招待や同業者のネットワークへの包摂など）。

はい	
はい（地方あるいは国レベルの民間や公共部門と協力して行っている）	
いいえ	

28. 移民・マイノリティの背景を持つ起業家の多くが「ビジネス地区やインキュベーター」に参加したり、彼・彼女らとその他マジョリティの起業家が共に新しい製品やサービスを開発するよう促すような取り組み（市場分析や広報、技術的なノウハウ、新しい市場への参入などの文脈で相互の利益を生み出すような移民とマジョリティの起業家間のジョイント・イニシアチブの促進など）を実施していますか。

はい	
いいえ	

「ビジネス地区やインキュベーター」が市内にはない	

29. 財やサービスの調達に関する決定において、市役所はインターカルチュラルな包摂や多様性に関する戦略を持つ企業を優遇していますか。

はい	
いいえ（地域や国の規則で想定されていないため）	
いいえ	

「はい」の場合、回答を根拠づける事例を教えてください。

e) 文化・社会生活

30. 補助金の割り当てにあたって、インターカルチュラリズムを基準として用いていますか。

はい	
いいえ	

31. 異なる民族的・文化的背景を有する人々の交流を促進することを目的とした芸術、文化、スポーツ分野でのイベントや活動（様々な出自やジェンダー、年齢等に基づいて選ばれたメンバーで構成されるチームが競うスポーツ大会など）を行っていますか。

定期的に	
時々	
一度もない	

32. 多様性やインターカルチュラルな交流に関する文化団体の創作活動を促進していますか。

はい	
時折	
いいえ	

33. 文化的多様性や共生をテーマにした公的な討論やキャンペーンを開催して

いますか？

はい、定期的に	
はい、時折	
1，2回行った	
いいえ	

f）公共空間

34. 公共空間においてインターカルチュラルな混淆や交流を促進する取り組み（様々な言語での本の貸出、あらゆる出自・年齢・ジェンダーの人々が出会い、交流できるベンチやテーブル、大きなチェス盤、遊び場等の施設の提供など）を行っていますか（複数回答可）。

はい（公共図書館で）	
はい（博物館・美術館で）	
はい（遊び場で）	
はい（公園で）	
はい（広場で）	
はい（その他の公共空間で）	
いいえ	

35. 新しい公共施設や公共空間の設計、リノベーション、運営にあたって、住民の多様性を考慮に入れていますか。

はい（常に）	
はい（いくつかの建物や空間において）	
いいえ	

36. ある地区の再開発を決定する際、移民・マイノリティの背景を持つ人々の有意義な関与を確保するために、意見を聞く方法や場を工夫していますか（移民当事者などの関係者と協力し、共同ワークショップや戸別訪問調査などを通じた住民の意見集約を行うなど）。

はい	
いいえ	

37. あるエスニック・グループ（マジョリティ・マイノリティにかかわらず）が独占し、異なる背景を持つ人々が歓迎されていないと感じたり、不安を感じるような空間や地域がありますか。

はい、いくつか	
はい、1つか2つ	
いいえ	

38. あるエスニック・グループ（マジョリティ・マイノリティにかかわらず）が独占し、異なる背景を持つ人々が歓迎されていないと感じたり、不安を感じるような特定の空間や地域がある場合、それに対処するための政策（文化センターや学校などでの議論の場の設定、課題の認識と解決のための参加型プロセスの導入、独占しているコミュニティのリーダーや組織との接触など）がありますか。

はい（防犯対策のみ）	
はい（警察やソーシャルワーク、広報を組み合わせた多部門横断的な政策がある）	
はい（警察やソーシャルワーク、広報を組み合わせた多部門横断的な政策があり、当該地域の住民の意見を聞いたうえで策定されている）	
いいえ	

3. 仲裁および紛争解決（項目39〜41）

回答項目：異なる文化や宗教間のコミュニケーションや紛争の仲裁のための専門サービスなど

4. 言語（項目42〜44）

回答項目：移民・マイノリティ言語の教育や住民への意識啓発（否定的なイメージの転換）など

5. メディアと広報（項目45〜50）

回答項目：移民やマイノリティの背景を持つジャーナリストの支援、ステレオ

タイプ的な移民・マイノリティ描写への対策など

6. 国際的な視点（項目 51 ～ 55）
回答項目：移民の出身国や出身都市との国際協力やビジネス関係の強化、留学生らの支援など

7. インターカルチュラルな情報の収集と活用（項目 56 ～ 59）
回答項目：移民やマイノリティに関する統計・調査の拡充、職員のインターカルチュラル能力育成など

8. 新規移住者の受け入れ（項目 60 ～ 63）
回答項目：新規移住者向けの包括的な情報提供や支援など

9. リーダーシップと市民権（項目 64 ～ 69）
回答項目：移民・マイノリティの背景を持つ人々の市政への参加や、学校などの公共サービスに関する政策決定への関与など

10. 反差別（項目 70 ～ 77）
回答項目：差別禁止条例等の制定、差別被害者の支援、「反うわさ戦略」の実施など

11. 住民参加（項目 78 ～ 83）
回答項目：移民・マイノリティの背景を持つ住民の意思決定への参加や、そのモニタリングなど

12. インターアクション（項目 84 ～ 86）
回答項目：NPO や草の根組織との協働、学校教師のインターカルチュラル教育に関する研修など

追加情報（項目 87 ～ 90）

回答項目：その他の取り組みなど

注

1）以下参照。本抄訳は編著者による。翻訳の作成にあたって、神戸市国際課の協力を得た。https://www.coe.int/en/web/interculturalcities/about-the-index

編著者・執筆者紹介

【編著者】

山脇啓造（序、第1章〜第3章、第17章、あとがき）
明治大学国際日本学部教授。2000年代から省庁や地方自治体の多文化共生関連委員を歴任。近著に『新 多文化共生の学校づくり――横浜市の挑戦』（明石書店、2019年）。2010年からICCプログラムに参加し、日本と欧州・韓国・オーストラリアの自治体交流に参画。明治大学の授業では、行政や企業、学校と連携した多文化共生のまちづくりを実践。

上野貴彦（序、第1章〜第3章、第18章、あとがき）
都留文科大学文学部比較文化学科専任講師。専門は移民政策およびスペイン地域研究。「反うわさ戦略」とインターカルチュラル・シティについて研究し、2019年にはスペイン・バルセロナ自治大学客員研究員として現地調査を行いつつ、スペイン国内ネットワーク（RECI）にも参加。

【執筆者】

ダニ・デ・トーレス（第4章）
欧州評議会ICCプログラム・アドバイザー兼スペイン国内ネットワーク（RECI）座長。元バルセロナ市役所移民担当コミッショナー（2007〜2011年）。

アンドレア・ルイス・バルソラ（第5章）
主にバスク自治州（スペイン）で活動するフリーランス・コンサルタント（多様性分野）。

フランセス・サレンガ（第6章）
バララット市インターカルチュラル・サービス・コーディネーター。

オ・ジョンウン（呉貞恩）（第7章）
韓国・漢城大学教授。

浜松市企画調整部国際課（第8章）

鈴木恵梨香（第9章、1〜3・9節担当）
公益財団法人浜松国際交流協会・事業コーディネーター。

宮城ユキミ（第 9 章、4 ～ 8 節担当）
COLORS 代表。

神戸市市長室国際部国際課（第 10 章）

吉富志津代（第 11 章）
武庫川女子大学教授。NPO 法人多言語センター FACIL 理事長。

国際交流協会ネットワークおおさか（第 12 章）

岡崎広樹（第 13 章）
芝園団地自治会事務局長（埼玉県川口市）。

海老原周子（第 14 章）
一般社団法人 kuriya 代表理事、文部科学省外国籍等児童生徒教育アドバイザー。

金宣吉（第 15 章）
特定非営利活動法人神戸定住外国人支援センター（KFC）理事長。

原秀樹（第 16 章）
独立行政法人国際交流基金日本研究部長。

ボブ・W・ホワイト（第 17 章）
カナダ・モントリオール大学教授。同大インターカルチュラル関係研究所（LABRRI）所長。

多様性×まちづくり **インターカルチュラル・シティ**
—— **欧州・日本・韓国・豪州の実践から**

2022 年 8 月 1 日　　初版第 1 刷発行	

編著者	山　脇　啓　造
	上　野　貴　彦
発行者	大　江　道　雅
発行所	株式会社 明石書店

〒 101-0021 東京都千代田区外神田 6-9-5
電　話　03（5818）1171
FAX　03（5818）1174
振　替　00100-7-24505
https://www.akashi.co.jp

装	丁	明石書店デザイン室
印	刷	株式会社文化カラー印刷
製	本	協栄製本株式会社

外国人技能実習生法的支援マニュアル

移民が導く日本の未来
毛受敏浩著
ポストコロナと人口激減時代の処方箋
◎2000円

多文化社会日本の課題
多文化関係学会編
多文化関係学からのアプローチ
◎2400円

外国人技能実習生法的支援マニュアル
外国人技能実習生問題弁護士連絡会編
今後の外国人労働者受入れ制度と人権侵害の回復
◎1800円

外国人の医療・福祉・社会保障 相談ハンドブック
移住者と連帯する全国ネットワーク編
◎2500円

外国につながる子どもと無国籍
石井香世子・小豆澤史絵著
児童養護施設への調査結果と具体的対応例
◎1000円

芝園団地に住んでいます
大島隆著
住民の半分が外国人になったとき何が起きるか
◎1600円

「発達障害」とされる外国人の子どもたち
金春喜著
フィリピンから来日したきょうだいをめぐる、10人の大人たちの語り
◎2200円

いっしょに考える外国人支援
関わり・つながり・協働する
南野奈津子編著
◎2400円

外国人と共生する地域づくり
とよなか国際交流協会編集
大阪・豊中の実践から見えてきたもの
牧里毎治監修
◎2400円

多文化共生と人権
近藤敦著
諸外国の「移民」と日本の「外国人」
◎2500円

多文化共生政策へのアプローチ
近藤敦編著
◎2400円

移民政策のフロンティア
移民政策学会設立10周年記念論集刊行委員会編
日本の歩みと課題を問い直す
◎2500円

京都市の在日外国人児童生徒教育と多文化共生
磯田三津子著
在日コリアンの子どもたちをめぐる教育実践
◎3200円

国際結婚と多文化共生
佐竹眞明・金愛慶編著
多文化家族の支援にむけて
◎3200円

多文化共生保育の挑戦
佐々木由美子著
外国籍保育士の役割と実践
◎3500円

社会科における多文化教育
森茂岳雄・川﨑誠司・桐谷正信・青木香代子編著
多様性・社会正義・公正を学ぶ
◎2700円

〈価格は本体価格です〉

多文化共生の学校づくり

横浜市立いちょう小学校の挑戦 【オンデマンド版】

山脇啓造、横浜市立いちょう小学校 編 ◎四六判／並製 ◎2300円

多文化、多国籍の子どもたちがあつまる横浜市立いちょう小学校の授業、学校づくりの取り組みを教員、保護者ら、当事者が記録する。新しい多文化の学校づくりが子ども、保護者、教師、地域に何をもたらすのか。

● 内容構成 ●

第一部　多文化共生教育フォーラム in いちょう小学校

第二部　多文化共生の学校運営
第一章　学校経営の視点／第二章　全職員による協力指導体制（全校TT体制）／第三章　国際教室の運営

第三部　多文化共生の授業づくり
第一章　授業実践／第二章　学校と大学の連携

第四部　学校・家庭・地域の連携
第一章　多文化PTAの誕生／第二章　学校と自治会の連携／第三章　学校とボランティアの連携／第四章　四校連絡会──学校間の連携／第五章　学校と保育園の連携

五色のメビウス 「外国人」とともにはたらき ともにいきる

信濃毎日新聞社編　◎1800円

ルポ コロナ禍の移民たち

室橋裕和著　◎1600円

新大久保に生きる人びとの生活史

多文化共生に向けた大学生による社会調査実習の軌跡

箕曲在弘編著　◎2500円

移民の子どもと学校 統合を支える教育政策

OECD編著　布川あゆみ、木下江美、斎藤里美監訳
三浦綾希子、大西公恵、藤浪海訳　◎3000円

異文化間を移動する子どもたち

帰国生の特性とキャリア意識

岡村郁子著　◎5200円

国際理解教育

教育と実践、交流を通じて国際理解教育の発展をはかる 【年1回刊】

日本国際理解教育学会編　◎2500円

現代国際理解教育事典 【改訂新版】

日本国際理解教育学会編著　◎4700円

移民政策研究 【既刊14巻・年1回刊】

移民政策の研究・提言に取り組む研究誌

移民政策学会編　◎2500円

〈価格は本体価格です〉

新 多文化共生の学校づくり

横浜市の挑戦

山脇啓造、服部信雄 編著　横浜市教育委員会　協力
横浜市国際交流協会

四六判／並製／280頁　◎2,400円

本格的な外国人労働者の受入れに舵を切った日本において、とりわけ外国につながる子どもたちの数が激増している横浜市における、学校・教育委員会・国際交流協会・市民団体等の様々な取り組みを収載し、"横浜市の挑戦"として発信する一冊。

〈価格は本体価格です〉